Oh Mann, oh Manns

Dieter Strauss

Oh Mann, oh Manns

Exilerfahrungen einer berühmten
deutschen Schriftstellerfamilie

PETER LANG

Frankfurt am Main · Berlin · Bern · Bruxelles · New York · Oxford · Wien

Bibliografische Information der Deutschen Nationalbibliothek
Die Deutsche Nationalbibliothek verzeichnet diese Publikation in
der Deutschen Nationalbibliografie; detaillierte bibliografische
Daten sind im Internet über http://dnb.d-nb.de abrufbar.

Covergestaltung: Prof. Uwe Loesch
www.uweloesch.de
unter Verwendung eines Fotos
von Thomas Mann mit Familie in Nidden, 1931.
Von links nach rechts:
unbekannte Frau, Elisabeth, Michael, Golo, Katia,
Monika, Thomas, unbekannte Frau

Gedruckt auf alterungsbeständigem,
säurefreiem Papier.

ISBN 978-3-631-60675-9
© Peter Lang GmbH
Internationaler Verlag der Wissenschaften
Frankfurt am Main 2011
Alle Rechte vorbehalten.

Das Werk einschließlich aller seiner Teile ist urheberrechtlich
geschützt. Jede Verwertung außerhalb der engen Grenzen des
Urheberrechtsgesetzes ist ohne Zustimmung des Verlages
unzulässig und strafbar. Das gilt insbesondere für
Vervielfältigungen, Übersetzungen, Mikroverfilmungen und die
Einspeicherung und Verarbeitung in elektronischen Systemen.

www.peterlang.de

Inhaltsverzeichnis

7 - 10
„Was für eine sonderbare Familie sind wir!
Man wird später Bücher über UNS –
nicht über einzelne von uns – schreiben".
(Klaus Mann)
Noch ein Buch über die Manns?

11 - 18
„Sagt mir doch, was ich hätte tun sollen,
um unschuldig zu bleiben".
(Heinrich Mann)
Die Manns in Extremsituationen des Exils

19 - 28
„Könnte es sein, dass Intellektuelle nur
bestimmt sind, die Wirklichkeit im voraus zu erraten"?
(Heinrich Mann)
Die Gründe für das Exil der Manns

29 - 64
„Beteiligt Euch, es geht um eure Erde"!
(Erika Mann)
**Entwicklung des politischen Bewusstseins und
politischer Kampf der Manns bis in die ersten
Jahre des 2. Weltkrieges**

65 - 103
„Wir waren im Paradies – notgedrungen".
(Ludwig Marcuse)
Adaptation der Manns in den Exilländern

105 - 122
„So weiß man, dass unser Glück gebrechlich ist,
ein Zeitalter abgelaufen und gerichtet ist".
(Heinrich Mann)
Entzauberung des Exils nach dem 2. Weltkrieg

123 - 136
„Aufdrehen und dann mit Vollgas durch die Kurven, das war Erika Manns Motto. Später hieß es abbremsen, immer wieder abstoppen"! (nach Erika Mann)
Nach der Entzauberung: der letzte Aufbruch der Manns

137 - 143
Abkürzungen

145 - 157
Anmerkungen

I

Was für eine sonderbare Familie sind wir! Man wird später Bücher über UNS – nicht über einzelne von uns – schreiben. (Klaus Mann)

Noch ein Buch über die Manns?

Die Literatur über die Manns ist kaum noch übersehbar. Und dann noch ein Buch über ihre Exilerlebnisse – ganz im Kielwasser der Prophezeiung von Klaus Mann? OhMannOhMann! Muss das wirklich sein?

Aber sicher, zumindest wenn man wie der Großkritiker Marcel Reich-Ranicki die Manns für die bedeutendste deutsche Familie des 20. Jahrhunderts hält [1] und glaubt, dass sie vielen Deutschen, jedenfalls den Intellektuellen, so wichtig wie den Briten ihre Windsors sind. [2] Und die meisten Fernsehzuschauer hat die Trilogie „Die Manns – ein Jahrhundertroman" von Heinrich Breloer gewonnen, davon konnten wir uns bereits überzeugen, als wir die Vorpremiere dieses „Dokudramas", das Spielszenen mit Dokumentarteilen verknüpft und ein halbes Jahrhundert Geschichte an Einzelschicksalen verdeutlicht, im Jahre 2001 für „Arte" und das Goethe-Institut in Paris organisierten. Andererseits ist ein weiterer Blick auf das Exil dieser Familie aber auch deshalb sinnvoll, weil manche, vor allem ältere Deutsche, das Exil immer noch mit Verrat gleichsetzen und die Manns für alles andere als einen Glücksfall in dem damaligen Unglück Deutschlands halten.

Meine Kontakte zur Familie Mann reichen weit zurück: Im Herbst 1975 konnte ich die noch unveröffentlichten Original-Tagebücher von Thomas Mann, die zwanzig Jahre nach seinem Tod freigegeben wurden, zusammen mit seinem Sohn Michael Mann, dem Bratschisten und Germanistikprofessor aus Berkeley, an niederländischen Universitäten vorstellen. Er blieb dabei in seinem grünverwaschenen Parka, den er auch bei den Veranstaltungen nicht ablegte, seinem Ruf als schwierigem Menschen mit extremen Stimmungsschwankungen und plötzlich aufflammenden Überspanntheiten treu.

Im Sommer 1995 lernte ich dann Michael Manns Sohn Frido, studierter Musiker, Theologe, Psychologe und seit geraumer Zeit

Schriftsteller, in Sao Paulo kennen. Frido Mann war damals auf der Suche nach seinen lateinamerikanischen Wurzeln und stellte gleichzeitig die brasilianische Fassung seines Romans „Theresienstadt" im Goethe-Institut Sao Paulo vor. In die Autobiografie seiner brasilianischen Ur-Großmutter Julia „Ich spreche so gern mit meinen Kindern" hatte er bereits ein Jahr zuvor in Rio de Janeiro eingeführt. Schnell verführte er mich dazu, eine Ausstellung und ein Buch über die brasilianische Mutter Julia der Schriftstellerdynastie zu erarbeiten, die ihre ersten sieben Lebensjahre in Paraty, einem wunderschönen Hafenstädtchen zwischen Rio und Sao Paulo, verbracht hatte, das heute auf der Weltdenkmalsliste der UNESCO steht. Ein Projekt, das die drei Etappen aus Julias Leben, das „kindliche Glück in den Tropen", den Absturz in das „mittelalterliche Lübeck und in die Ehe mit dem Finanzsenator Mann" sowie bald nach dem Tod des Senators im Oktober 1891 „die Befreiung in die „Bohèmestadt München" skizzierte und in Brasilien, Deutschland und in der Schweiz gezeigt wurde. Programme über den Musikbegriff dieser Schriftstellerfamilie schlossen sich an, in denen Frido Mann die entsprechenden Textstellen las, die von der begabten Harfinistin Florence Sitruk durch passende Stücke von Hindemith, Bach und Mozart verbunden wurden.

Nach Paris versetzt, realisierten wir die Dokumentarausstellung „Klaus Mann und Frankreich: Ein Exilschicksal", dessen Begleitbuch im Seghers-Verlag/Paris erschien. (3) Ein Projekt, das uns mit Elisabeth Mann in Kontakt brachte, die uns mit dem Hinweis *Sie können die Tagebücher von Klaus einsehen, kein Problem, ich habe mich über Sie erkundigt* autorisierte, diese Erinnerungen im Original in dem Literaturarchiv „Monacensia" in München durchzusehen. Auch Igor Pahlen lernten wir damals kennen, einen der tragenden Schauspieler aus Erika Manns „Pfeffermühle", damals ein über achtzigjähriger Herr mit auffallend strahlenden blauen Augen. In seiner Gegenwart führten wir Szenen aus der Pfeffermühle im Pariser Goethe-Institut wieder auf. Die Avantpremiere der „Königin", des Dokumentarfilms Werner Schröters über Marianne Hoppe, die Ex-Frau Gustav Gründgens, kurz vor ihrem Tod im Pariser Goethe-Institut rundete meine Begegnung mit Menschen um die Familie Mann ab und stimulierte mich, wieder ein Mann-Projekt zu starten.

Wo immer möglich sprechen die Mitglieder der Familie Mann, die Protagonisten dieses Buches, im Zitat selbst zu uns. Sie sind damit präsent, und der Leser hört, ja „sieht" sie. Die Zitate scheinen das „Es war einmal" in ein „Jetzt" zu transferieren. Die Beziehungen zwischen den Protagonisten und Lesern werden damit enger und das Berichtete authentischer und spannender. Klar, dass die gesammelten Zitate systematisiert, in den zeitgeschichtlichen Hintergrund eingepasst und analysiert werden.

II

Sagt mir doch, was ich hätte tun sollen, um unschuldig zu bleiben. (Heinrich Mann)

Die Manns in Extremsituationen des Exils

Heinrich Mann verschlug es 1940 nach der Besetzung Frankreichs durch die Deutschen in einen Gasthof auf dem französischen Land. Der Kontakt mit der Wirtin war dem gebürtigen Deutschen mit dem tschechoslowakischen Pass unangenehm:

Ich möchte nicht erkannt werden an meinem Wulstnacken, meiner arischen Quetschnase oder beim Fehlen beider Merkmale das Erkanntwerden dennoch fürchten müssen. Ich fände es mehr oder weniger betrügerisch, mich auf eine andere, obwohl legitime Staatsangehörigkeit zu berufen....
Das Speisezimmer war leer, die Wirtin setzte sich zu mir. Sie wollte bedauert werden und mich bedauern. Ich sagte, was ich musste. 'Je suis un de ces malheureux Tschécoslovaques ...'. ... Alles wahr. Aber mein tieferes Unglück war meine unverlierbare Verbundenheit mit einer anderen Nation. Sie hatte Prag unglücklich gemacht und mich. Sie trug nunmehr das Unglück, das ihr anhaftet, nach Paris und brachte es auch über mich wieder. Vom Unglück ist immer die eigene Schuld abzuziehen. Wenn es dem unglücklichen Frankreich gesagt werden konnte, mir auch. Mir auch.
Die Patronne mir gegenüber war eine der schönsten Frauen. ... Anstatt ihr zu sagen, was wahr, aber nicht die tiefere Wahrheit war, hätte ich sie gern gefragt: Wie ist es mit dem Hass? Wie steht es um die Schuld? Fallen beide auf einen Deutschen, der, verbannt und ausgebürgert, übel verzeichnet und heute mehr in Gefahr als Ihr, die Französin, doch immer ein Deutscher heißen muss, auch gar nicht anders gesonnen ist und sein will? Sagt mir doch, was ich hätte tun sollen, um unschuldig zu bleiben. (1)

Packender als Heinrich Mann in seinen Erinnerungen „Ein Zeitalter wird besichtigt" kann man die Exil-Problematik nicht schildern, die Scham als Deutscher erkannt zu werden, das Unglück, das Deutschland über die Welt und über ihn gebracht hat, und die eigene

Schuld an den Weltereignissen, die er nicht klar definieren kann und die er nicht abwenden konnte. Bei dem Moralisten Heinrich Mann, der sich nach dem Motto richtete *Zu leben lehren ist die Absicht der Literatur, der Theologie und Medizin. ... Ich versuchte mein Wissen überzeugend, wenn es hoch kam, auch anwendbar zu machen,* (2) wird der Schuldanteil groß ausgefallen sein.

Thomas Mann vertraute am 30.April 1933 seinem Tagebuch an, in welche schreckliche Situation ihn die Exilumstände gebracht hatten:
Ich schlafe ... bis 5 Uhr, erwache dann, von dem sofort einsetzenden Schreckensgedanken an den Handkoffer mit den Tagebüchern erfasst. ... Meine Befürchtungen gelten jetzt in erster Linie u. fast ausschließlich diesem Anschlage gegen die Geheimnisse meines Lebens. Sie sind schwer und tief. Furchtbares, ja Tödliches kann geschehen.
Der Handkoffer mit den Tagebüchern wurde in Deutschland von den Nazis zurückgehalten, und Thomas Mann befürchtete wohl, dass seine homosexuellen Bekenntnisse publik werden könnten. Eine grässliche Bedrohung, besonders für einen Mann, der von seiner amerikanischen Sekretärin so charakterisiert wurde:
Er war zurückhaltend. Er war nicht outgoing, wie man auf Englisch sagt. ... Er war absolut der Oberste, der Höchste, der Bedeutendste. Er war irgendwie zu der Rolle geboren, wissen Sie. Er fühlte sich doch immer als Repräsentant. In „Königliche Hoheit" ist er ja der Prinz – und vom Prinz wurde er zum Kaiser. (3) Damals war er noch der „Prinz" mit Nobelpreis, der schon immer an seiner Sexualität litt, wie aus einem Brief an seinen Freund Otto Grautof vom 8.November 1896 hervorgeht: *Sie wissen nicht, dass man beinahe entschlossen ist, nichts mehr als Reis zu essen, nur um von der Geschlechtlichkeit loszukommen. ... Wie ich sie hasse, diese Geschlechtlichkeit, die alles Schöne als ihre Folge und Wirkung für sich in Anspruch nimmt. Ach, sie ist das Gift, das in aller Schönheit lauert. ... Wie komme ich von der Geschlechtlichkeit los? Durch Reisessen?* (4)

Erika Mann brachte sich in eine höchst gefährliche Situation als sie heimlich das Manuskript des Joseph und entsprechende Materialien Ende März, Anfang April 1933 aus der schon von den Nazis

beschlagnahmten „Poschi", ihrem Elternhaus in München, holte und ihrem Vater in die Schweiz brachte:
Ich fuhr zurück. Eine dunkle Brille setzte ich auf und meinte, sie würde mich unkenntlich machen. In Wirklichkeit machte sie mich nur auffällig. Aber so dumm ist man. Es war ungemütlich. Und den Augenblick, in dem ich, meinen treuen alten Hausschlüssel benutzend, das Tor aufsperrte, ohne dass die Nazi-Wache es merken durfte, - und ... das dicke Manuskript zu mir steckte, ... werde ich so leicht nicht vergessen. ... Es war eine schreckliche Nacht. Die Nazis feierten gerade ein Fest. Sie waren betrunken auf allen Gassen unterwegs. Der Coup glückte. Ich packte das dicke Manuskript, in Zeitungspapier eingewickelt, unter den Sitz meines braven Ford zu den öligen Werkzeugen. An den Grenzen herrschte damals die fürchterliche Ordnung noch nicht, die mich heute, zeigte ich mich dort, das Leben kosten würde. (5) Ihre jüngste Schwester Elisabeth charakterisierte sie so: *Erika war ganz ungeheuer begabt – als Schauspielerin, als Schriftstellerin, als Journalistin, als Unternehmerin, als alles. ... Und sie besaß einen Charme, wie ihn nur wenige haben. Also, was will man mehr im Leben? Aber sie hat sich eben ihr Leben sehr zerstört und ist doch eigentlich sehr traurig verendet. Und man fragt sich immer: warum, wieso?* (6) Genau das soll dieses Buch versuchen zu beantworten.

Klaus Mann war es gelungen, sich trotz astronomisch hoher Schwarzmarktpreise und starkem Andrang für den 3. Mai 1946 einen Platz in der ersten Reihe des Deutschen Theaters in Berlin zu besorgen. Gegeben wurde Carl Sternheims „Snob", eine Satire auf den deutschen Bourgeois. Zum ersten Mal nach Ende des 2. Weltkrieges stand Gustav Gründgens wieder auf der Bühne, der „Maitre de Plaisir" des Dritten Reiches und „Lackschuhsatan" seiner Bühnenarbeiter, natürlich in der Hauptrolle, worin denn sonst? Klaus Mann hatte erst vor rund einem halben Jahr die amerikanische Uniform an den Nagel gehängt. Er erlebte und kommentierte diesen ersten Nachkriegsauftritt seines ehemaligen Theaterkollegen, Freundes und Schwagers Gustav Gründgens, der in seinem ersten Entnazifizierungsverfahren im April 1946 als belastet eingestuft und auf die schauspielerische Tätigkeit beschränkt wurde, äußerst dramatisch:

Die Premiere war das bei weitem größte Theaterereignis in Deutschland seit Ende des Krieges. ... Nach dem Aufgehen des Vorhangs ist der ‚Snob' ... ganz allein auf der Bühne. ... Gründgens musste dort wenigstens fünf oder sechs Minuten stehen, ... bis der tosende Applaus abflaute. ... War er bewegt oder verwirrt? So oder so – er zeigte es nicht oder besser gesagt, er zeigte es in einem kurzen dramatischen Moment. Das war, als er mich bemerkte. Ja, er sah mich, einen amerikanischen Soldaten, hier, in der ersten Reihe. ... Er hatte mich tatsächlich erkannt, sich auf mich zu bewegt, aber gleich wieder weggeschaut. (7) Und Peter Gorski, engster Mitarbeiter und Adoptivsohn Gustav Gründgens, bemerkte: *Die Berliner hatten gewonnen. ... Das war eine Zeit, die sie gleichermaßen zusammen erlebt hatten. Und die fühlten sich - auch durch dieses demonstrative Beispiel eines Menschen aus ihrer Zeit da oben -, die fühlten sich alle bestätigt. Waren nicht alle Anti-Nazis, nein. Waren froh, dass er da war. ... Der donnernde Applaus hat gedauert! Steht noch im Aufführungsbuch des Deutschen Theaters drin. Das hat gedauert! 28 Minuten.* (8)

Klaus Mann war dagegen fest davon überzeugt, dass es noch eine Weile dauern sollte, *ehe die solcherart Besudelten sich wieder in manierlicher Gesellschaft zeigen können, ohne durch schlechten Geruch peinlich aufzufallen. ... Diese Busenfreunde Görings sollten es nicht gar so eilig haben. Wenn Gründgens schon wieder salonfähig ist – warum dann nicht gleich* (die Schauspielerin und Ehefrau Görings) *Emmy Sonnemann? Vielleicht hat einer der in Auschwitz Vergasten irgendein Bühnenwerk hinterlassen, in dem die hohe Frau ihr zweites Debüt machen könnte. Von Auschwitz hat die Gute sicher nichts gewusst – und übrigens, was hat Kunst mit Politik zu tun?* (9) Viel, das hatte Klaus Mann seit seinem Auszug aus dem Elfenbeinturm der zwanziger Jahre und seit Übernahme seiner antifaschistischen Rolle in den dreißiger Jahren bitter gelernt.

Er erlebte das Kriegsende 1945 nicht als „Stunde Null", sondern eher als Geisterstunde, in der die Altnazis ihre NS-Kluft mit demokratischem Zwirn und weißem Kragen vertauschten und ihre demokratische Corporate Identity aufbauten. Schlussstrich-Mentalität herrschte vor. Klaus Mann hatte das Gefühl, dass sich die Deutschen keiner Schuld bewusst waren, keine Reue zeigten und wieder stramm stehen würden, wenn man Hitlers Wiederkehr im Stil der Rückkehr Napoleons von Elba organisieren könnte. Jedenfalls hatte er auf diesen Einfall, Hitlers Rückkehr zu inszenieren, damals die Antwort bekommen: *Am nächsten Tag müssten alle, die Nazi-Fahnen gehisst haben oder Parteiabzeichen tragen, verhaftet und bei Morgengrauen erschossen werden! Möglicherweise müssten Sie 90 Prozent unserer Bevölkerung liquidieren.* (10)

Die Frage: ‚Kann der Dichter die Welt verändern?' beantwortete Klaus Mann 1930 überzeugt mit einem dreifachen enthusiastischen „Ja". Er glaubte damals, dass das Wort eindeutig der Macht überlegen ist. (11)

Sein kämpferischer Idealismus aus den dreißiger Jahren wurde in der Nachkriegszeit vor allem auf Grund des kalten Krieges immer weiter verschüttet und machte starkem Pessimismus Platz: *Es gibt keine Hoffnung. Ob wir Intellektuelle nun Verräter seien oder Opfer, wir täten gut daran, die völlige Hoffnungslosigkeit unserer Lage zu erkennen. ... Hunderte, ja Tausende von Intellektuellen sollten das tun, was Virginia Woolf, Ernst Toller, Stefan Zweig, Jan Masaryk getan haben. Eine Selbstmordwelle, der die hervorragendsten Geister zum Opfer fielen, würde die Völker aufschrecken aus ihrer Lethargie, so dass sie den tödlichen Ernst der Heimsuchung begriffen, die der Mensch über sich gebracht hat durch seine Dummheit und Selbstsucht.* (12)

Kein Wunder, dass Klaus Mann bei solchen Erschütterungen mit seinen gesteckten Zielen Probleme hatte: *Was für eine Geschichte ist es denn, die ich zu erzählen habe? ... Die Geschichte eines Deutschen, der zum Europäer, eines Europäers, der zum Weltbürger werden wollte; die Geschichte eines Individualisten, dem vor der Anarchie fast ebenso sehr graust wie vor der ‚Standardisierung', der ‚Gleichschaltung', der ‚Vermassung'; die Geschichte eines Schriftstellers, dessen primäre Interessen in der ästhetisch-religiöserotischen Sphäre liegen, der aber unter dem Druck der Verhältnisse zu einer politisch verantwortungsbewussten, sogar kämpferischen Position gelangt.* (13)

Golo Mann notierte am 16.Juni 1940 über seine Internierung als feindlicher Ausländer in dem Lager «Les Milles" bei Aix-en-

Provence: *Les Milles hat wirklich etwas von einer Hölle, Erfahrene sagen, dass es schlimmer sei als Dachau; das ist natürlich Unsinn. Wahr scheint mir nur dies: Die Deutschen organisieren die Grausamkeit sauber und genau; die Franzosen können, ohne viel darüber nachzudenken, Schlamperei und Unfähigkeit bis zum Grausamen treiben. Der Wassermangel, der Staub und Dreck, das buchstäblich stundenlange Anstehen vor der Toilette, und soviel zusammengedrängter Stumpfsinn, Hunger, Wut und Angst – das ist grausam jedenfalls in der Wirkung, und hat etwas Höllenmäßiges. Gearbeitet wird hier nicht – dieser sicherste Trost fällt weg. Man wäscht sich mit einem Becher Wasser, trinkt seinen Kaffee oder was so genannt wird, und geht in den Hof – eine Art Kurpromenade.* (14) Eine schwierige Situation für einen Menschen, der sich im Frühsommer 1940 als Freiwilliger in Frankreich gemeldet hatte, um gegen die Nazis zu kämpfen, aber stattdessen interniert wurde. Golo Mann konnte sich zwar Zeit seines Lebens gut anpassen, aber dadurch wurde seine Lage während der Internierung sicher nicht grundsätzlich besser.

Michael Mann schrieb seiner Mutter Katia am 28. August 1939 aus London: *Hier in der Stadt ist heute nicht besonders ‚Kriegsstimmung'. Aber in Brüssel war es arg und ganz hysterisch. Und der Besuch des englischen Consulates dort wird mir ein unvergessliches Erlebnis bleiben: mit welcher ‚Brutalität' man die deutschen Juden, welche dort eng im ganzen Warteraum gedrängt um ein Visum bettelten, flehten und zitterten, hinaus schmiss – die armen ARMEN Leute.* (15) Schwere Zeiten auch für den jüngsten der sechs Kinder Thomas Manns.

Frido Mann erreichte als noch nicht ganz Siebenjähriger im März 1947 mit der „Veendam" den völlig zerstörten Hafen von Rotterdam. Die Passagiere hatten sich auf dem Vordeck versammelt und starrten wie paralysiert auf das Hafenpanorama: *Es ist ein grauenvoller Anblick, ... das Meer finster-grauer Häuser-Ruinen, kraterartig eingerissener rauchgeschwärzter Mauerfassaden, die Fensteröffnungen wie leere Augenhöhlen. Nicht so sehr die einzelnen ausgebrannten Häuser sind es, die uns Ankömmlingen das Blut in den*

Adern erstarren lassen, vielmehr die epidemieartig riesige Ansammlung nebeneinander- und hintereinandergereihter und ineinanderverschachtelter Gebäude-Stümpfe, ein endloses Feld von Tod und Zerstörung. Der kleine Frido glaubte damals sogar *Reste fein gemeißelter Menschenfiguren zu erkennen, ... die zusammen eine Art Geistertanz aufführen, als wollten sie irgendwo in den Himmel abheben.* (16) Ein Schockerlebnis, das er zusammen mit seinem jüngeren Bruder Toni mit Holz-Gewehren, die sie damals ahnungslos neben sich aufgepflanzt hatten, noch makaber verstärkte.

Die in Brasilien geborene **Julia Mann**, die exotische und gefeierte Gesellschaftsdame aus Lübecker Zeiten, die später ihrem Münchener Salon mit *erotischer Präsenz* (17) vorstand, wurde im 1. Weltkrieg zu einer glühenden deutschen Patriotin, die sich energisch gegen die angebliche Kriegsschuld Deutschlands wehrte und die sich danach sehnte, dass *die ganze Welt den ‚Germanen' gehörte, u. wenn England sich bessert, darf es mit dazu rechnen.* (18) So ihr flehender Appell an ihren Ältesten Heinrich, den demokratisch gesinnten Freigeist, der Deutschland die Schuld an dem 1. Weltkrieg gab. Ein geistiger Salto Mortale Julia Manns, den es in der Folge aufzuklären gilt.

Damit sind die Protagonisten dieses Buches vorgestellt: Der Bogen reicht von dem späten Nationalismus Julia Manns über die negativen und positiven Exilerfahrungen ihrer Söhne Heinrich und Thomas sowie über dessen Kinder Erika, Klaus, Golo und Michael bis zu dessen Sohn Frido. Das Buch bietet damit einen Streifzug durch die Kaiserzeit, die Weimarer Republik, den Faschismus und die Nachkriegsära, eine Zeitreise durch das spannende 20. Jahrhundert und einen Gang durch die bunte Familiengeschichte der Manns, die eine Anregung sein könnte, wieder einmal nach ihren von den Zeitereignissen stark beeinflussten Werken zu greifen.

Der Jüngste Julia Manns, ihr Nesthäkchen Viktor, emigrierte dagegen nicht: Er wollte sich nicht für das Dritte Reich aufopfern und schon gar nicht zum Märtyrer werden. Nach seiner Überzeugung war man in der Diktatur zur Anpassung gezwungen und hatte praktisch keine andere Wahl. (19) Er verleugnete seine Brüder sogar, als er nach seiner Verwandtschaft mit Ihnen gefragt wurde. Die seien doch aus dem hohen Norden, er sei aus München. (20)

III
Könnte es sein, dass Intellektuelle nur bestimmt sind, die Wirklichkeit im voraus zu erraten? (Heinrich Mann)
Die Gründe für das Exil der Manns

Zwischen 1933 und den frühen vierziger Jahren sind rund eine halbe Million Menschen aus Deutschland geflohen oder ausgewandert. Nach Schätzungen befanden sich darunter etwa 11.500 Literaten, Künstler und Wissenschaftler. (1) Die Mehrzahl der Emigranten waren Juden. Die großzügigsten Aufnahmestationen waren die USA, Palästina, Lateinamerika und Shanghai. (2) Die legale Emigration setzte einen demütigenden Spießrutenlauf in Gang – quer durch den nationalsozialistischen Verwaltungsapparat, der eine fünfundzwanzigprozentige „Reichsfluchtsteuer" auf das Gesamtvermögen erhob. Ab 1937 waren Ausreisen nur noch mit zehn Reichsmark pro Person erlaubt.

Die Brüder Heinrich und Thomas Mann sowie dessen Kinder Erika, Klaus, Golo und Michael verließen bereits kurz nach Hitlers Machtergreifung Deutschland.

Die Deutschen hatten ihre Regierung selbst gewählt, eigens, um hingerichtet zu werden, kommentierte **Heinrich Mann** in seinem „Zeitalter" die Machtübernahme Hitlers. (3) Zu den ersten Verfolgten gehörte er dann selbst: *Ich spreche aus eigener Erfahrung, unter seinen ersten Objekten hatte das Regime, das sich revolutionär aufspielte, weil es mordete, auch mich ausersehen. Ich war sogar als erster bestimmt, einen Vorgeschmack zu geben.* (4) Sein Ausschluss aus der „Akademie der Künste", deren Präsident für die Sektion Dichtung er seit 1932 war, erfolgte bereits am 15. Februar 1933. Der „Völkische Beobachter" begründete den ‚Rausschmiss' mit seinen Diensten für den kommunistischen Untermenschen und mit seiner Verunglimpfung der Welt als ein einziges Bordell. (5) Ein Motiv wird sicher auch der Aufruf zum Zusammenschluss von Kommunisten und Sozialdemokraten gewesen sein, den er zusammen mit Albert Einstein und Käthe Kollwitz unterzeichnet hatte. Klaus Mann bestätigte in seinem Tagebuch am 21. Februar 1933 die Kommunistenhetze: *ein Aufruf von Göring, der alle Linksleute für vogelfrei erklärt; Nazis für unangreifbar: Würgen im Hals.* Gegen den Freund Heinrich Manns Max Liebermann wurde bald Malverbot verhängt. Und die Menetekel verdichteten sich so schnell weiter, dass ihm der französische Botschafter M. Francois Ponçet wenig später anbot: *‚Wenn Sie über den Pariser Platz kommen, mein Haus steht Ihnen offen'.* (6) Heinrich Mann war bei den Nazis so verhasst, dass sie ihn als Hampelmann mit seinem Kopf und den schönen Beinen von Marlene Dietrich als Anspielung auf den „Blauen Engel" verhöhnten. Kein Wunder, dass sein Ekel an Deutschland immer größer wurde: *Die Zumutung, den Unfug noch länger anzusehen, wurde unerträglich: sogar die Furcht vor eigenem schwerem Missgeschick trat zurück hinter dem Ekel an den Dingen.* Ein Widerwille, der durch seine Ablehnung der Nazis und vor allem Hitlers samt seiner *befohlenen Dummheit* (7) geschürt wurde: *Der Redner im Brauhaus und Zirkus verriet gleich das Ganze: Frankreich vernichten. Es schlagen, dass es nie wieder aufkommt. Es dauernd in deutsche Zucht nehmen, es klein machen, arm machen und es entvölkern, bis es nicht mehr zählt. Das alles ist unter der Republik gesprochen worden.* (8) Hinzu trat seine Enttäuschung über die Weimarer Republik: *Die deutsche Republik hat sich niemals geachtet. Daher hat sie niemanden begeistert – womit auch? Mit der Lüge: unbesiegt? Einzig ihre Verlogenheit war unbesiegbar. Niemand hat sie geliebt – wofür wohl?* (9)

Am 21. Februar 1933 machte sich Heinrich Mann von Berlin über Frankfurt und Straßburg auf den Weg nach Nizza: *Als ich am nächsten Tag, dem 21. Februar, wirklich abreiste, hätten Gepäck, Wagen und andere Anzeichen des versuchten Entkommens mich ohne weiteres ausgeliefert. Indessen trug ich nichts als einen Regenschirm – meinen letzten; Mr. Chamberlain zu Ehren habe ich ihn mir abgewöhnt. Zu Fuß ging ich nach der Haltestelle der braven, anonymen Straßenbahn. Keine unanständige Eile, den Zug nach Frankfurt zu besteigen. ... Hinter dem verhängnisvollen Fluss, den ich wähle, liegt das Exil. Niemand hat es ermessen, bevor er es antrat, weder seine Dauer noch seine veränderlichen Umstände. ... Er selbst weiß von einer vorläufigen Tatsache, nicht, dass sie währen wird, bis er steinalt ist.* (10) Wie notwendig es war, seine Berliner Wohnung so zu verlassen als ginge er in das nächste Café, zeigte ihre baldige Besetzung durch die Nazis. *Da sie mich nicht fanden, verkündeten sie mit Lautsprechern, dass sie mich hätten. ... Zu der Stunde, als ihre Apparate brüllten, war ich in Straßburg, geschrieben Strasbourg.* (11) Nur zu verständlich, dass Heinrich Mann daraufhin bereits 1933 sein Buch „La Haine", „Der Hass", gegen Hitler-Deutschland schrieb und veröffentlichte: *1933, im Einweihungsjahr des tausendjährigen Reiches, nahm ich pünktlich seine Würdigung vor, heute könnte ich sie nur erweitern, nicht verändern. Das Buch hieß ‚Der Hass'. Seine erste Fassung war französisch, sie erschien in Paris. Die deutsche folgte in Amsterdam.* (12)

Mir klingen die Ohren von Mord- und Schauergeschichten aus München, die die fortlaufenden regulären Gewalttaten politischer Art ständig begleiten: wüste Misshandlungen von Juden. ... Kein Abflauen der Gewalttätigkeit. (13) So der Kommentar **Thomas Manns** zu den Ereignissen rund um das Ermächtigungsgesetz vom 24. März 1933. Er erkannte schon damals die grundsätzliche Gewalt- und Unrechtsbereitschaft der Nazis. Und trotzdem: der Mann des Nordens, für den der Norden die Verkörperung der bürgerlichen Heimat bedeutete, die ihn bei der Nobelpreisverleihung in Stockholm umfing, (14) zögerte, spontan öffentlich mit Deutschland zu brechen. Sporadische Proteste ja, die hat Thomas Mann den Nationalsozialisten damals entgegengebracht. Zum Beispiel in seiner Berliner Rede vom Oktober 1930, dem „Appell an die Vernunft", mit dem er den Bürgern nach den Septemberwahlen mit dem rasanten Stimmengewinn der Nazis Mut zur Sozialdemokratie machen wollte. Auf die Störversuche einiger Nazis im hinteren Teil des Saales hatte sich das Publikum umgedreht, Thomas Mann den Rücken zugewandt und um Ruhe gebeten. Just dieses Foto hatte die nationalsozialistische Presse dann mit der Unterschrift „Thomas Mann hält einen Vortrag" veröffentlicht. *Von da ab war er als Nazifeind legitimiert,* kommentierte Katia Mann den Vorfall. (15) Nach ihrer jüngsten Tochter Elisabeth hatte sie die Situation damals besser eingeschätzt als ihr Mann: *Meine Mutter war da sehr hellsichtig. Sie hat die Lage eigentlich viel früher verstanden als mein Vater und hat uns darüber aufgeklärt, dass es eine ganz große Gefahr wäre und wir bestimmt* *weg müssten aus Deutschland.* (16) Am 12. März 1933 warnten Erika und Klaus Mann ihre Eltern telefonisch aus München vor dem *schlechten Wetter in Deutschland* und rieten von einer Rückkehr aus der Schweiz ab. (17) Wenige Tage später trat Thomas Mann aus der Akademie der Künste aus und reagierte sofort mit großer Nervosität und zunehmender Erregung und Verzagtheit, ja sogar mit Schüttelfrost darauf. Seine Frau half ihm in dieser Krise, wie aus dem Tagebuch vom 18. März 1933 hervorgeht. Die Reaktionen der Nazis ließen nicht auf sich warten: Mitte April 1933 protestierte München gegen Thomas Manns Wagner-Vortrag: Unterzeichnet war der von den Nazis geschürte Protest u.a. von dem bayrischen Kultusminister, dem Präsidenten der Akademie der bildenden Künste, dem Generalintendanten der bayrischen Staatstheater und von Richard Strauss. Thomas Mann hoffte, *dass die Unehre einmal aufseiten der Urheber dieser traurigen Eselei und ihrer mehr oder weniger kommandierten Gefolgschaft sein wird.* (18) Am 12. Juli 1933 verkündete die bayrische Polizei dann gegen den Gegner des nationalsozialistischen Regimes und angeblichen Sympathisanten des Marxismus Thomas Mann einen Schutzhaftbefehl und ließ sein Vermögen beschlagnahmen. (19)

Nach Heinrich Mann drängte es seinen Bruder, *an die Deutschen zu glauben – gewiss um seiner Arbeit willen, sie bedurfte des sittlichen deutschen Bodens.* (20) So seine Erklärung für das jahrelange Zögern Thomas Manns, mit den Widersachern öffentlich ganz zu brechen. Seine Tochter Elisabeth sah das ähnlich: *Mein Vater wollte sich von seinem deutschen Publikum nicht trennen. Die älteren Geschwister waren der Meinung: Schau, die nutzen dich nur aus! Du tust einen großen Schaden damit, wenn du dich dem Kampf gegen den Faschismus und Nazismus nicht aktiv anschließt. Indem du das nicht tust, machst du offen Propaganda für Hitler.* (21)

Thomas ließ sich dann provisorisch in Bandol nieder: *Ich habe Frau und Kinder bei mir und die notwendigsten Bücher; das Klima ist höchst liebenswürdig, und es fehlt nicht an wohltuenden Zeichen der Sympathie und Treue. Dennoch äußert die Mitgenommenheit meiner Nerven sich in einer Trägheit und Unlust des Geistes, die an jedem lichten Morgen wieder schon nach wenigen Zeilen über den guten Willen zum Vorwärtsdringen den Sieg davonträgt.* (22)

Der baldige Umzug nach Sanary-sur-Mer in das Haus „La Tranquille" besserte seinen Zustand: Ihm gefiel das kleine, gut gelegene und sympathisch eingerichtete Haus, in das er mit seiner Frau und den vier jüngeren Kindern zog. Klare Zukunftspläne schälten sich allerdings noch nicht heraus. (23)

Hitler forderte **Erika Mann** heraus: Schon weit vor der Machtübernahme reichte ihr das bloße Theaterspielen nicht mehr, sie wollte vielmehr gegen ihn polemisieren und kämpfen. (24) Ihrer Meinung nach unterschätzten ihn die Intellektuellen der Weimarer Republik. Wie zum Beispiel Stefan Zweig mit seiner Verharmlosung der Septemberwahlen 1930 mit ihrem drastischen Stimmengewinn der Nationalsozialisten, ein Sieg, den er als ein Aufbäumen der Jugend gegen das Schneckentempo der Politik interpretierte. (25) Erika graute es vor Deutschland mit seiner zunehmenden Gewalt. Ihr Auftritt bei der Versammlung der „Internationalen Frauenliga für Frieden und Freiheit" am 13. Januar 1932 wurde vom „Völkischen Beobachter" zum *Pazifistenskandal in München* hochstilisiert und bissig kommentiert: *Ein besonders widerliches Kapitel stellt das Auftreten Erika Manns dar, die als Schauspielerin, wie sie sagte, ihre ‚Kunst' dem Heil des Friedens widmete. In Haltung und Gebärde ein blasierter Lebejüngling, brachte sie ihren blühenden Unsinn über die ‚deutsche Zukunft' vor. ... Das Kapitel ‚Familie Mann' erweitert sich nachgerade zu einem Münchener Skandal, der auch zu gegebener Zeit seine Liquidierung finden muss.* (26) Die NS-Blätter „Illustrierter Beobachter" und die „Front" trieben es auf die Spitze und diffamierten sie samt ihrer Mitstreiterinnen als Irre und Zuhälterin der jüdischen Besitzerklasse und kritisierten ihre kurzen Haare als Herrenschnitt, der nicht zu einer Frau passe. (27) Erika Mann prozessierte daraufhin und gewann das Verfahren, obwohl sie bei den Nazis trotz ihrer protestantischen Taufe als Halbjüdin galt. Und prompt gingen ihre Theater-Engagements zurück. Alfred Rosenbergs „Kampfbund für deutsche Kultur" hielt es zum Beispiel 1932 für unerträglich, dass die verschriene Tochter eines anrüchigen Vaters Heldinnen der Klassik bei den Sommer-Festspielen im bayrischen Weißenburg spielen sollte. Sie sei der Typ der sich männlich gebendenden Frau, die nur am Geld interessiert sei. Als Folge wurde zwar ihr Vertrag gekündigt, aber das

Theater verlor den sich anschließenden Prozess. Die Urteilsvollstreckung versickerte jedoch nach der Machtübernahme. (28)
Damit wurde immer klarer, dass es für Erika Mann keine Alternative zu dem Verlassen Deutschlands gab: *Und als Hitler an die Macht gekommen war, wussten wir, dass wir gehen mussten. Die Idee, dass wir hätten bleiben können, kam uns nie in den Sinn. Man kann nicht bleiben, wo man nicht atmen kann, und obwohl das, was wir vorhatten, phantastisch und verzweifelt war, war es das einzige, was übrig blieb.* (29) Sie spielte mit ihrem gewagten Vorhaben auf die Verlagerung ihres Kabaretts „Pfeffermühle" in die Schweiz an.

Deutschland war mir fremd, ich war ein Fremder in Deutschland, noch ehe ich mich endgültig von ihm trennte schrieb **Klaus Mann** rückblickend in seinem „Wendepunkt". (30) Ein Zustand, der verständlich wird, wenn man an Klaus Manns ‚Ja' zur Erotik, an sein ‚Ja' zur sozialen Demokratie und an sein ‚Nein' zum deutschen Spießer denkt, eine Stellungnahme, die zum Beispiel klar in seiner Novelle „Abenteuer des Brautpaares" (1929) zum Ausdruck kommt. Er stand damit ganz auf Seiten Heinrich Manns und gegen seinen Vater sowie in gewissem Sinne auch gegen die Weimarer Republik. Seine Freundin Grete Weil-Jockisch aus früher Münchener Zeit rühmte zum Beispiel seinen offenen Umgang mit der Homosexualität: *Ich glaube nicht, dass es für Klaus je eine wirkliche Schwierigkeit war. ... Er hat es auch nicht versteckt. Und es war immer, ja, es war irgendwo auch ein Adelszeichen für ihn: Ich bin etwas Besonderes, bin was Besseres.* (31)
Am 30. Januar 1933, am Tag des Beginns des „Tausendjährigen Reiches", hatte sich Klaus Mann mit dem Dramaturgen Erich Ebermayer getroffen, um an der Dramatisierung des „Nachtflugs" von Antoine de Saint-Exupéry zu arbeiten. Er notierte an diesem Schicksalstag in seinem Tagebuch: *In Leipzig: Erich an der Bahn. ... Die Nachricht, dass Hitler Reichskanzler. Schreck. Es nie für möglich gehalten. (Das Land der unbegrenzten Möglichkeiten).* Erich Ebermayer beschrieb die Situation später noch dramatischer: *Der Zug steht. Klaus springt leicht ... und schnell aus einem Wagenteil II. Klasse. ... Ich reiche ihm die BZ. ... Er wird bleich, als wäre er von Wachs; seine roten Augenlider glühen in dem fahlen Gesicht. ...*

Entsetzen ist in seinem Blick. ‚Das ist furchtbar', sagt er leise. (32) Seine damaligen Tagebucheintragungen zeigen seine Bestürzung. Am 2. Februar 1933 notierte er: *Übertragung von Hitler-Rede. ... Stimme eines Kettenhundes; Lüge und Prahlerei. Minderwertige Pathologie.* Und am 16. Februar 1933: *Zeitungslektüre. Immer das Würgen des Ekels. Die faschistische Umbesetzung aller Ämter. Die kaum verhüllte Diktatur.* Zum „Völkischen Beobachter" ergänzte er am 18. Februar 1933: *Den ‚Völkischen' gekauft, physische Unmöglichkeit, es zu lesen. Allein das Niveau dieses Schmutz-, Scheiß- und Dreckblattes – die größte, nie wieder gut zu machende Kulturschande Deutschlands.* Den Reichstagsbrand kommentierte er am 28. Februar 1933 fassungslos: *Verhaftung von Kisch, Ossietzky, Mühsam usw. Zeitungsverbote usw. Jetzt wird's erst richtig. Dieser Brand kommt denen so unheimlich gelegen – ob sie ihn nicht selbst bereitet haben?*
Klaus Mann setzte sich am 13./14. März 1933 nach Paris ab, in die Stadt, die er hochschätzte und deren Schriftsteller er verehrte oder liebte wie René Crevel, den Autor des Romans „Der schwierige Tod", den er für das *wichtigste und ergreifendste Bekenntnisbuch der europäischen Jugend nach dem Kriege* hielt. (33) Von Jean Cocteaus Artisten-Roman „Kinder der Nacht" war er so begeistert, dass er ihn als „Geschwister" für das Theater adaptiert hatte. Die Ur-Aufführung in München am 12. November 1930 war ein *geräuschvoller Durchfall* und *die Presse meiner lieben Heimatstadt erging sich in den üblichen Schimpftiraden. ... Aber diesmal erschreckte es mich. Warum? Die Gehässigkeit ... hatte sich vertieft, sie war böser, kälter, feindlicher geworden. Eine Gehässigkeit, die vernichten will. Erst quälen und dann töten. Eine mörderische Gehässigkeit, ein Nazi-Hass. ... Es wurde Ernst .* (34) André Gide hatte ihm geholfen, seinen Weg zu sich selbst zu finden und ihm den „individualisme serviable" nahegebracht, den Klaus Mann so auslegte: *Jedem von uns ist sein eigenes individuelles Gesetz mitgegeben, welches immer wieder ... befolgt sein will, ohne Rücksicht auf Mode und Vorteil, ohne Kompromiss. Sich selber treu sein, darauf kommt alles an. Wer sich selbst verrät, der wird auch der Gemeinschaft, dem sozialen Ganzen nicht dienen können. Je unabhängiger und konsequenter die Persönlichkeit, desto größer der Beitrag, den sie zum allgemeinen Wohle leisten wird!* (35)

Schließlich einigte man sich darauf, dass Mussolini der Bösere, Hitler der Dümmere sei. (36) So fasste **Golo Mann** im Sommer 1933 das Streitgespräch zusammen, an dem er mit seinem Vater und Heinrich Mann in dem Hause des Grafen Carlo Sforza, eines emigrierten italienischen Diplomaten und politisch-historischen Schriftstellers, in der Nähe von Toulon teilgenommen hatte. Die politischen Ereignisse des Sommers 1933 überraschten ihn mit einer Ausnahme nicht mehr: *Von den Ereignissen des Sommers konnte allenfalls das Konkordat mich traurig enttäuschen. Dass der Vatikan, die höchste moralische Autorität in Europa, der erste Staat war, der mit Hitler-Deutschland einen Vertrag schloss. Das andere, die Selbstauflösung der politischen Parteien, die Erhebung der NSDAP zur einzig erlaubten, dazu die Vermehrung der Konzentrationslager, die zum Himmel schreienden Justizmorde an ‚Kommunisten' waren nur noch Bestätigungen, was schon im März entschieden worden war.* (37) Diese illusionslose Abgeklärtheit passt zu seiner Auffassung über die unpolitische Rolle der intellektuellen Emigranten: *Wir können keinesfalls Politik machen, am wenigsten ‚Machtpolitik'. Unsere Aufgabe ist nachzudenken, über Vergangenheit, Gegenwart, Zukunft.* Aber er schwankte damals in seinen *einsamen Gedanken ... wie ein Rohr im Winde,* (38) verließ Deutschland im Gegensatz zu Heinrich, Thomas, Erika und Klaus Mann erst im Juni 1933 und verbrachte den Sommer in Sanary. Auch der Besuch von Kriminalbeamten auf seiner Studentenbude Anfang März 1933 beschleunigte seine Abreise nicht. Er war damals wohl noch zu stark im Täglichen verfangen und nicht so weitsichtig wie seine Familie. Er blieb in dieser Zeit der eher unbeteiligte Beobachter und kam nicht aus seiner Deckung.

Wir haben deutsch gekotzt und uns noch deutscher geweigert am Geburtstag des Dritten Reichs teilzunehmen, schrieb **Michael Mann** genau einen Tag nach der Machtergreifung seiner Mutter Katia aus dem Schülerheim Neubeuern. Er machte sich mit seinen noch nicht ganz vierzehn Jahren über Hitler lustig und zeichnete den Brief mit *Heil(t) Hittler Bibi* (39) Er ahnte damals die Katastrophe aber bereits, wie er später seiner Mutter mitteilte: *...selbst ich konnte ja die Entwicklung der Dinge seit geraumer Zeit, wenn ich sie auch noch nicht ‚verstand', ungefähr vorausahnen.* In der Rückschau hielt er die

Nazis für so furchtbar, dass es *für jeden halbwegs denkenden Menschen ‚meiner' Generation schier unmöglich* war, *activ bei der scheußlichen Sache mitzumachen. Sondern man* konnte *nur wegsehen oder verrückt werden.* (40) Oder das Land verlassen wie Michael Mann, der bereits im Herbst 1933 zu seinen Eltern nach Küssnacht stieß, ein Länderwechsel, der bei dem damals gerade Vierzehnjährigen natürlich vor allem familiär bedingt war. Und das trotz des problematischen Verhältnisses zu seinem Vater, das sein Bruder Golo so beschrieb: *Elisabeth – die liebte mein Vater über alles, und den jüngsten Sohn wollte er im Grunde nicht haben. Der war einfach unwillkommen, und das hat er den Michael fühlen lassen.* (41) Und sein Sohn Frido ergänzte: *Er war positiv freundlich zu ihm, aber halt auch ein bisschen distanziert.* (42)

Frido Mann fragte sich 2009 in seinem Werkstattbericht „Zurück nach Brasilien", ob es wohl Zufall sei, dass seine eigene Zwangsverpflanzung nach Europa als achtjähriger Junge genau in dem Alter stattfand, in dem seine Urgroßmutter Julia von Brasilien nach Lübeck umgesiedelt wurde. Zufall oder nicht, für ihn legte diese Koinzidenz scheinbar nahe, dass Julias Leben zwischen den Kulturen und ihre Zerrissenheit das Exil und den Weltbürger-Charakter der Familie Mann vorgeprägt haben. (43) Bei dieser merkwürdigen Übereinstimmung der Schicksale von Julia und Frido Mann eine verständliche Annahme.

Julia Mann war Brasilianerin, auch wenn das in Deutschland immer noch wenig bekannt ist, auch wenn manche Deutschtümler das nicht wahrhaben wollen, und auch wenn das dem jungen Thomas Mann nicht immer ganz passte. Dafür war es für die Nazis eine willkommene Nachricht – versprach das doch Juden- und möglicherweise Negerblut auf Seiten der Mutter. Ein Vorwurf, der den Brüdern Mann bereits 1912 von dem Literaturhistoriker Adolf Bartels gemacht wurde, der aus dem portugiesischen Blut der Mutter Julia eine sagenhafte Mischung aus Araber-, Juden-, Inder- und Negerblut konstruierte. (44)
Und: Julia wurde nicht in Rio de Janeiro geboren, wie Thomas Mann behauptete (45) und so mancher Germanist noch immer vermutet, wenn

er überhaupt um die brasilianische Abstammung weiß. Nein, Sie kam im August 1851 mitten im Urwald unter Affen und Papageien südlich des Äquators zwischen Rio de Janeiro und Sao Paulo zur Welt, als ihre hochschwangere Mutter in Begleitung ihres deutschen Mannes hoch zu Ross von zwei Negersklaven auf einer Sänfte durch den Urwald getragen wurde. Das Ehepaar Bruns-da-Silva reiste damals von ihrer Kaffee- und Zuckerrohr-Plantage in der Nähe von Angra dos Reis südlich von Rio zu Ihrer Fazenda Boa Vista in Paraty, einer damals wichtigen Hafenstadt für die Ausfuhr von Kaffee, Zuckerrohrschnaps und Gold.

Julias Vater Johann Ludwig Bruhns brachte seine Kinder zusammen mit dem schwarzen Kindermädchen Anna 1858 nach dem Tod seiner Frau im Wochenbett in seine Vaterstadt Lübeck. *Wann kamen denn nu Ludwig sin lütten Swatten?!* soll eine Großtante Julias gefragt haben, und bei der Ankunft liefen ganze Kinderscharen hinter Julia, ihren Geschwistern und dem schwarzen Kindermädchen Anna her. Mit *den großen von Rio mitgebrachten weißen Panama-Hüten über den dunklen Gesichtern, fielen sie, in Begleitung ihrer Negerin, in der kleinen Stadt ... sehr auf. So mussten sie sich gefallen lassen, daß ihnen auf den Straßen ganze Züge von johlenden Kindern nachliefen,* schrieb Julia später in ihrem Memoiren. (46) Logisch, dass bei der Stamm-Mutter Julia andere Gründe zum „Exil" führten als bei ihren Söhnen, Enkeln und Urenkeln. Doch die daraus erwachsenden Probleme waren zum Teil identisch.

IV
Beteiligt euch, es geht um eure Erde! (Erika Mann)
Entwicklung des politischen Bewusstseins und politischer Kampf der Manns bis in die ersten Jahre des 2. Weltkrieges

Ich fing an, das Verhängnis bei seinem Namen zu nennen. (1) Eine Fähigkeit, die **Heinrich Mann** schon früh entwickelte und die folgerichtig zu seinem Engagement, zu seiner „Beteiligung" am öffentlichen Leben führte. Eine Begabung, die ihm sein Bruder Thomas zu seinem 70. Geburtstag am 2. Mai 1941 ausdrücklich bescheinigte: Er hob dabei besonders Heinrichs frühes Eintreten für die Demokratie hervor. (2) Bereits in seinem Roman des unterwürfigen Deutschen unter der Regierung Wilhelm des Zweiten „Der Untertan", den Heinrich Mann zwischen 1906 und 1914 geschrieben hatte, sah er nicht nur den Krieg, sondern auch die deutsche Niederlage und den Faschismus voraus. (3) In seinem berühmten „Zola-Essay", der im November 1915 als Antwort auf Thomas Manns „Gedanken zum Kriege" erschien, bekannte er sich zur Demokratie und erteilte dem Kaiserreich eine Absage. Um so schmerzlicher war dann, dass Heinrich Mann nach Kriegsende 1918 keinen politischen Neuanfang erkannte: Die Irreführungen und Ausflüchte des Kaiserreiches wurden nach ihm von der Weimarer Republik übernommen und die Frage der Schuld nicht gestellt oder verdrängt. Die alten Eliten, die Militärs und Diplomaten, wurden bruchlos in die neue Republik durchgewinkt. (4) Für Heinrich Mann gab es schon nach dem 1. Weltkrieg keine „Stunde Null", keinen reinigenden Neustart, eine Situation, die sich in schlimmerer Form nach dem 2. Weltkrieg wiederholen sollte. Er schrieb in den zwanziger Jahren für Berliner Zeitungen und *deutete ihren zahlreichen Lesern die Vorgänge – niemals nach den Regeln einer Partei, ich maß sie einfach an den Gesetzen des menschlichen Anstandes.* (5)
Im französischen Exil wurde er später als Ehrenpräsident des „Schutzverbandes deutscher Schriftsteller" und als Mitorganisator des antifaschistischen „Internationalen Schriftstellerkongresses" im Juni 1935 in Paris zu einem der Wortführer des antifaschistischen

Widerstandes. Er lehnte das Münchener Abkommen im September 1938 als wirkungslosen politischen Irrtum vehement ab: *Daladier, Vorsitzender des Ministerrates, kehrte heim von München, wo er den verbündeten Staat des soeben dahingegangenen Masaryk verkauft hatte für einen Frieden ohne Kraft und Gewähr.* (6) ... *Daladier zog nach seinem verhängnisvollen München sieghaft in Paris ein. Der Jubel über den geretteten Frieden war am stärksten beim Arc de Triomphe – was irgend noch zu schänden war, versäumte man nicht.* (7) ... *Wenn sie ihn niedergeschrieen hätten, nach seiner Verabredung mit Hitler über das Fallenlassen der verbündeten Tschechoslowakei! Er hätte es beinahe gehofft, wenn kaum noch erwartet. Er wäre ausgezischt im Boden versunken, endlich hätte er wieder seinen normalen Puls gehabt, auch weniger Pernod getrunken.* (8) ... *Die Nichteinmischung ihrer beruhigten – und belehrten Nation – in die Angelegenheiten der unheilbaren Störenfriede war ein Bekenntnis aller Republikaner: im Ernst gefragt, auch der Kommunisten.* (9) Den deutsch-russischen Nichtangriffspakt des Berufs-Antibolschewisten Hitler empfand Heinrich Mann im August 1939 als unverzeihlichen Treuebruch: *Die Nachricht von dem Pakt – dem Verrat, der Katastrophe – hatte mich erschüttert wie jeden. Die beiden Tage und Nächte, die folgten, sind unter meinen denkwürdigsten.* (10)

Und Hitler? Die reichen Leute *haben ihn gefüttert mit mehr Geld, als der Schlucker erträumen konnte. Sie haben ihn gespenstisch hochgepäppelt,* schrieb er in seinem „Zeitalter". Hitler war für ihn ein gesinnungsloser und größenwahnsinniger *Herrenmensch* ohne Moral, jenseits von Gut und Böse, *ein Menschlein, vom schamlosen Glück zum Unmenschen aufgezüchtet,* voller Minderwertigkeitskomplexe, der sein Land in den Abgrund geführt hatte. Er war für ihn nicht mehr als ein *Taschenspieler der Weltbeherrschung.* (11) Mit ätzender Ironie äußerte er sich über die Anbiederungsversuche von Hitlers Pariser Botschafter an Pablo Picasso: *Zeichenlehrer Abetz wurde der Botschafter des anderen Künstlers, Hitler, bei der französischen Republik. ... Auch den Maler Picasso suchte der unvermeidliche Abetz heim ... und offerierte Geschäfte. ... Wird Picasso dem demütigen, obwohl gefährlichen Gast die Gunst erweisen? Er tut es, er holt eine Leinwand, die verkehrt gegen die Wand lehnt, er stellt sie auf. Guernica. Abetz erblickt nicht mehr, nicht weniger als Guernica. ...*

Der Meister wurde nicht noch einmal aufgefordert, in Berlin unter staatlichen Ehrungen auszustellen. (12) Nach Heinrich Manns Einschätzung hatte Hitler den Unternehmern den Krieg *versprochen*. *‚Die Industrie' hatte sein Wort.* Ein Krieg, der den Pazifismus unmöglich machte: *Das Recht zu töten, die Gewissenspflicht zu rächen, ist heute auf der Seite der Freiheit, das erst ändert den Zustand von Grund her. Vorbei die Zeiten, als ein Neugieriger von Nazis zu hören bekam: ‚Wir haben eines vor euch voraus, wir können töten'. In dem Augenblick, da sie es nicht mehr voraus haben, sind sie geliefert.* (13) Er kritisierte auch stark die französische Haltung, den Deutschen die Besetzung Frankreichs auf Grund ihrer panischen Angst vor dem Kommunismus zu verzeihen: *Das gute Recht, Frankreich zu erobern, gehört den Deutschen vermöge ihres Antibolschewismus. Ein Verräter ist, wer Frankreich ihren Feinden, den Kommunisten, überlässt und Paris der Commune! ... So haben sie denn beschlossen, das reichste Land des Kontinents zu bestatten – es einfach beizusetzen. Die Gesellschaft, samt ihrem Direktor Hitler, ist eine Bestattungs-Gesellschaft. Das wird aus der Ohnmacht, die sich vermisst, und aus der Rachsucht, die den Faden verliert.* (14)

Wie in der Weimarer Republik schrieb Heinrich Mann auch in den dreißiger Jahren über seine politischen Erfahrungen, diesmal für französische Zeitungen. Sein „Henri IV" wurde zum Gleichnis für die Umwälzungen, die er sich für Deutschland erhoffte, *sein französisches Königsbuch. Er schrieb es in Frankreich alle die langen Jahre. Um seines Henri Quatre willen hatte auch er an dem Lande, das kein Exil war, seinen Anteil und sein Recht. Nicht viele lebende Franzosen haben für Frankreich mehr getan als er mit seinem Roman.* (15) Und dennoch: seine Wirkungsmöglichkeiten schätzte Heinrich Mann kritisch ein: *Eingestanden sei, dass ich mich nicht wirklich als einen Kämpfer fühlte. Dafür durchschaute ich zu deutlich die Vergeblichkeit des Kampfes – und begleitete meine eigenen moralistischen Übungen mit dem Lächeln des Zweifels .*(16) Er glaubte, dass der Widerstand der Emigration im Grunde nur die Gleichgesinnten erreichte und die anderen nicht überzeugen konnte. Und: Er war überzeugt, dass die Emigranten zu wenig kämpften: *Ihre Sache wäre es gewesen, ... das Bessere zu machen aus Deutschland, das besser sein könnte. Unmöglich? Über die Kraft? Aber meinesgleichen hat bis an die*

Grenze der Kraft nie gehandelt: wir erkannten, was war, und ließen es zu. Wir haben kaum gekämpft. ... Die französischen Intellektuellen haben unvergleichlich besser gekämpft. (17) Ganz abgesehen davon, dass nach seiner Auffassung der Emigrant als Oppositioneller gesehen wurde, der in dem *Lande seiner Zuflucht die Macht – und alle ihre Gläubigen – gegen sich* hatte. (18) In seiner USA-Zeit sollte er dann völlig in den Schatten treten.

Im ganzen politischen Bruderzwist war ja eigentlich der Heinrich der, der immer Recht hatte, und es war ja mein Vater, der ... umschalten musste, weil er auf einem falschen Geleise gelaufen war. Nicht der Heinrich. Der Heinrich war ja immer europäisch und demokratisch und für die westliche Kultur eingetreten. Und mein Vater war doch eben ein Nationalist, äußerte Elisabeth Mann über die politische Einstellung ihres Vaters während des ersten Weltkrieges bei den Dreharbeiten zu Heinrich Breloers Mann-Trilogie. (19) Der konservative, kaisertreue Patriot sollte sich im Laufe der folgenden Jahre in einen europäischen Demokraten und später in einen engagierten Kämpfer gegen den Faschismus verwandeln. Ein gelungener geistiger „Salto Mortale".

Anfang des 20. Jahrhundert war selbst **Thomas Manns** Einstellung den Juden gegenüber noch ambivalent, wie aus seinem Brief an seinen Bruder Heinrich über seine Schwiegereltern in spe, die Pringsheims, hervorgeht: *Kein Gedanke an Judenthum kommt auf, diesen Leuten gegenüber; man spürt nichts als Kultur. Wir schwatzten allerlei über Kunst, über ... Musik* und natürlich auch über Katia, die Tochter des Hauses. (20) Und das bei den Pringsheims, zum Protestantismus übergetretenen Juden und bei Katias Mutter, die vor der Ehe Schauspielerin bei den Meiningern war. Konservativ war auch Thomas Manns Einstellung Töchtern gegenüber, wie sein Kommentar zu Erikas Geburt zeigt: *Es ist also ein Mädchen: eine Enttäuschung für mich, ... denn ich hatte mir sehr einen Sohn gewünscht und höre nicht auf, es zu tun. ... Ich empfinde einen Sohn als poesievoller, mehr als Fortsetzung und Wiederbeginn meiner selbst unter neuen Bedingungen. ... Und vielleicht bringt mich die Tochter innerlich in ein näheres Verhältnis zum ‚anderen' Geschlecht, von dem ich eigentlich, obgleich nun Ehemann, noch immer nichts weiß.* (21) Aber auch Katia wollte Jungen und war dem alten Rollendenken verhaftet. Noch 1936 bezeichnete sie sich in einem Brief an Erika als Anhängsel ihres Mannes (22), ganz abgesehen davon, dass ihr Briefkopf sie als „Frau Thomas Mann" ankündigte.

Thomas Mann befürwortete im September 1914 in einem Brief an Heinrich den Krieg, den er einen *großen, grundanständigen, ja feierlichen Volkskrieg* nannte, (23) für den er später sein Tölzer Landhaus verkaufte, um Kriegsanleihen zu erwerben. In seinen Ende 1914 veröffentlichten „Gedanken im Kriege" verherrlichte er den Krieg: *Beziehungen, welche Kunst und Krieg miteinander verbinden, ... sind das Ineinanderwirken von Begeisterung und Ordnung; ... Tapferkeit, Standhaftigkeit im Ertragen von Strapazen und Niederlagen, ... Krieg! Es war Reinigung, Befreiung, ... und eine ungeheure Hoffnung.* (24) Und 1915 ergänzte er in seinem zweiten gleichnamigen Aufsatz: *Die Vorstellung einer konzentrischen Invasion der Russen, Franzosen, Engländer (mit ihren asiatischen und afrikanischen Hilfstruppen) in Deutschland war bei der geistigen Weltverfassung von damals in der Tat so entsetzlich, dass der allgemeine Schrei ‚Nur das nicht!' aus Grausen und äußerster Entschlossenheit kam. ... So bekunden wir, ... das Recht ist bei Deutschland.* (25) Darauf schrieb Heinrich Mann seinen „Zola-Essay", der im November 1915 erschien, sein Bekenntnis zur Demokratie und seine Absage an das Kaiserreich, seinen Angriff auf seinen konservativen deutschnationalen Bruder Thomas: *Durch Streberei Nationaldichter werden für ein halbes Menschenalter, wenn der Atem solange aushält; unbedingt aber mitrennen, immer anfeuernd, vor Hochgefühl von Sinnen, verantwortungslos für die heranwachsende Katastrophe.*(26) Thomas Mann legte mit den äußerst umfangreichen „Betrachtungen eines Unpolitischen" nach, und der Bruderzwist war perfekt, ein Streit, der drei Jahre dauerte und erst 1922 am Krankenbett von Heinrich Mann beendet wurde.

Seine Rede „Von deutscher Republik" wurde ihm im Sommer 1922 *als Abfall vom Deutschtum und Widerspruch zu den ‚Betrachtungen'* verübelt. (27) Zur Ruhrbesetzung im Januar 1923 äußerte er sich dann in einem Brief an den Germanisten Ernst Bertram als Republikaner und beklagte, dass das Ausland Deutschland als ‚no man's land' ohne

Nationalgefühl ansah, mit dem man so umspringen konnte, wie man wollte. (28)

Bei der spanischen Reise im April/Mai 1923 wurde zwar noch wie damals üblich Frankreich geschnitten. (29) Aber im Januar 1926 lernte er in Paris Graf Coudenhove-Kalergi, den Präsidenten des „Komitees der Paneuropäischen Union", kennen: *Coudenhove ... ist einer der merkwürdigsten und übrigens schönsten Menschen, die mir vorgekommen. Zur Hälfte Japaner, zur anderen Hälfte gemischt aus dem internationalen Adelsgeblüt Europas ... stellt er wirklich einen eurasischen Typus vornehmer Weltmenschlichkeit dar, der außerordentlich fesselt und vor welcher der Durchschnittsdeutsche sich recht provinzierisch fühlt.* (30) Bereits im September diesen Jahres trat er der paneuropäischen Union bei. Verständlich, dass ihn die nationalsozialistische Presse und allen voran der „Völkische Beobachter" bereits im Frühjahr 1928 wegen seines entspannten Verhältnisses zu Frankreich angriff. (31) Das hinderte ihn natürlich nicht, in seiner Nobelpreisrede am 12. November 1929 verständnisvoll auf die deutsche Seele einzugehen: *Ich tue wohl daran, den Weltpreis, der mehr oder weniger zufällig auf meinen Namen lautet, meinem Lande und Volke zu Füßen zu legen, ... mit dem meinesgleichen sich heute nur fester noch verbunden fühlt als zur Zeit seiner klirrendsten Machtentfaltung. ... Sie machen sich schwer eine Vorstellung von der sensitiven Empfänglichkeit dieses verwundeten und vielfach unverstandenen Volkes für solche Zeichen der Weltsympathie.* (32)

Bereits im Oktober 1930 beendete er seine Freundschaft mit Ernst Bertram, weil er dessen nationalsozialistische Auffassungen nicht teilte, ja verachtete. Als Bertram ihn einlud, bei den Nationalsozialisten mitzumachen, lief das Fass endgültig über. (33) Dem Bruch war im September ein Besuch Bertrams vorausgegangen, bei dem ihre unterschiedlichen Meinungen bereits aufeinander geprallt waren. (34) Rund eine Woche nach ihrem Treffen hielt Thomas Mann dann seine denkwürdige Berliner Rede, mit seinen Warnungen vor den aufsteigenden Gefahren des Nationalsozialismus. (35)

Am 15.3.1932 äußerte er sich in einem Wiener Interview über Hitler und dessen verderblichen Einfluss auf Deutschland, (36) und im August 1932 verfasste er im Berliner Tageblatt eine scharfe Stellungnahme zu den Ausschreitungen der Nationalsozialisten in Königsberg. Er

schrieb, dass diese Schandtaten den Verehrern der NS-Bewegung endlich die Augen öffnen und ihnen den wahren Charakter des Nationalsozialismus zeigen müssten, seine großsprecherische Karikierung und Verhöhnung alles Deutschen. (37)
Anfang Februar 1933 reiste Thomas Mann nach Holland, noch ohne Vorahnung, dass diese Reise ins Exil führen würde. Nach dem Reichstagsbrand am 27. Februar 1933 wurde ihm endgültig klar: *Ich stehe auf der Liste derer, die sich ‚pazifistischer Exzesse' schuldig gemacht haben, des ‚geistigen Landesverrates'.* (38)
Seinen ältesten Kindern Erika und Klaus tat er aber viel zu wenig gegen die Nazis: *Trotz ihrer Jugend sei Ihnen mit ihrem politisch nicht mündigen Vater viel aufgehalst worden*, schrieb Erika Mann im August 1933 an ihren Bruder Klaus und meinte damit, dass sich ihr Vater nicht deutlich genug von den Nazis absetzte. (39) Übrigens ebenso wie sein Verleger Gottfried Bermann Fischer, der seinen Verlag in Deutschland weiterführen wollte.
Thomas Mann war hin- und hergerissen, wie sein Tagebucheintrag vom 12. September 1933 zeigt: *Bedrücktes Gespräch über die Unmöglichkeit richtigen Verhaltens, dem notwendigen Versagen vor der Bestialität. Über das Bedürfnis nach geistiger Freiheit und Seelenruhe, Fernhalten von der Ressentiment- und Verzweifelungsliteratur. Man ist nicht dazu geschaffen, sich in Hass zu verzehren.* Bermann Fischer wollte ihn sogar zur Rückkehr nach Deutschland bewegen. (40) Darauf ging Thomas Mann aber ebenso wenig ein wie auf die Loyalitätserklärung für das neue NS-Regime von Gottfried Benn, die er nicht unterzeichnete. (41) Allerdings distanzierte er sich im Oktober 1933 von der „Sammlung", der Exil-Literaturzeitung seines Sohnes Klaus, vermutlich aus Rücksicht auf den Fischer-Verlag, seine Buchauflagen und auf das Erscheinen des „Joseph". Kurzum, er zögerte, eine Haltung, die seine Tochter Monika später bestätigte: *Klaus fand nicht, dass mein Vater aktiv genug war, als das losging. Er musste immer dahinter her sein, dass er sich überhaupt gerührt hat.* (42)
Doch, er „rührte" sich: Im Dezember 1933 lehnte er den Beitritt in die Reichschrifttumskammer ab, und die deutschen Kritiken zu seinen „Geschichten Jacobs" aus dieser Zeit flößten ihm *Grauen ein vor der – schon gar nicht mehr bewussten – Unterworfenheit und Entmanntheit dieser Seelen.* (43) Der Röhm-Putsch vom 30. Juni 1934, bei dem

das NS-Regime unter dem Vorwand eines Aufstandes der SA alte und neue Gegner beseitigte, die Ermordung des österreichischen Kanzlers Dollfuß am 15. Juli 1934 und die Vereinigung des Amtes des Reichspräsidenten und Kanzlers nach Hindenburgs Tod am 2. August 1934 belasteten Thomas Mann stark. Seine Anteilnahme kam in den „Leiden an Deutschland" und in seinem Brief an Karl Kerény vom August 1933 zum Ausdruck: *Aber ich kann nicht sagen, wie die Atrozitäten des 30. Juni, die österreichischen Schrecknisse (und dann der Staatsstreich jenes Menschen, seine weitere Erhöhung), ... mir zugesetzt haben, wie sehr sie mich erregen und mich dem entfremden.* (44) Und er fuhr fort: *Die Zeit scheint mir reif für eine Äußerung wie ich sie vorhabe, und der Augenblick könnte bald kommen, wo ich bereuen würde, mein abwartendes Schweigen über die dafür gegebene Frist hinaus fortgesetzt zu haben.* Er hatte damals vor, ein Buch über Deutschland zu schreiben, aber er spielte sicher auch darauf an, dass er noch nicht offiziell und öffentlich mit dem Dritten Reich gebrochen hatte. (45)

In seinem Beitrag für die Tagung des „Comité de la Coopération Intellectuelle" vom 1. bis 3. April 1935 in Nizza forderte er einen militanten Humanismus, einen *Humanismus, der seine Männlichkeit entdeckte und sich mit der Einsicht erfüllte, dass das Prinzip der Freiheit, der Duldsamkeit und des Zweifels sich nicht von einem Fanatismus, der ohne Scham und Zweifel ist, ausbeuten und überrennen lassen darf.* (46) In seinem Brief an das Nobel-Friedenspreis-Comité in Oslo vom Oktober 1935 beschrieb er bewegend, welch große Freude es für die Welt bedeuten würde, wenn der Friedenskämpfer Ossietzky, der seit Jahren als Märtyrer im Konzentrationslager inhaftiert sei, den Preis erhielte. (47)

Und trotz aller Klarsicht rechtfertigte er sich noch im Januar 1936 in einem Brief an seine Tochter Erika, dass er immer noch nicht offiziell mit dem NS-Regime gebrochen hatte: *Der Tag mag kommen, möge kommen, wo ich ... die Welt und die Deutschen selbst aufsuche und sage: Es ist genug, macht Schluss, fort mit dem Gesindel. Vielleicht durfte das nicht zu früh geschehen – vor allem der Deutschen wegen nicht, die erst durch Erfahrung reif dafür gemacht sein und von sich aus danach ‚verlangen' müssen. Es nützt wenig, die Welt gegen den Greuel aufzurufen, solange die Deutschen selbst nicht innerlich und*

gründlich mit ihm fertig sind – und wenn nicht alles täuscht, sind sie nicht mehr weit davon. (48) Der Tag kam schneller als er glaubte. Als Eduard Korrodi von der „Neuen Zürcher Zeitung" Qualität und Relevanz der deutschen Literatur im Exil bezweifelte und behauptete, emigriert sei ja auch überwiegend nur die Romanindustrie, die er mit der jüdischen gleichsetzte, (49) wurde es Thomas Mann zu bunt. Er brach am 3. Februar 1936 in einem offenen Brief an Korrodi, den er in der „Neuen Zürcher" veröffentlichte, mit den Nazis und bekannte sich zur Emigration und ihrer Literatur. Er schrieb, *dass aus der gegenwärtigen deutschen Herrschaft nichts Gutes kommen kann, für Deutschland nicht und für die Welt nicht.* (50)
In seinem Tagebuch kommentierte er am 31. Januar 1936 seinen Entschluss folgendermaßen: *Ich bin mir der Tragweite des heute getanen Schrittes bewusst. Ich habe nach 3 Jahren des Zögerns mein Gewissen und meine feste Überzeugung sprechen lassen.* Und am 1. Februar 1936 ergänzte er: *heftige Nervenreaktion auf den gestrigen Schritt. Ängste.* Am 3. März 1936 notierte er schon beruhigter: *Das Bewusstsein, dem niederträchtigen Regime einen zweifellos empfindlichen Schlag versetzt zu haben, erfüllt mich mit Genugtuung. Es wird sich nach Kräften zu rächen versuchen. Möge es.* Damals schrieb er an Hermann Hesse: *Ich musste einmal mit klaren Worten Farbe bekennen: um der Welt willen, in der vielfach recht zweideutig halb-und-halbe Vorstellungen von meinem Verhältnis zum Dritten Reich herrschen, und auch um meinetwillen: denn schon lange war mir dergleichen seelisch nötig.* (51) Die Folge ist bekannt: Thomas Mann wurde ausgebürgert, und die Bonner Universität erkannte ihm seinen Doktor-Titel ab. Der Ende Oktober 2010 veröffentlichte Bericht der Historikerkommission zur NS-Geschichte des Auswärtigen Amtes konnte zeigen, dass es der damalige Gesandte in Bern Ernst von Weizsäcker war, der spätere Staatssekretär im AA in Berlin und Vater des Alt-Bundepräsidenten Richard von Weizsäcker, der dem AA schrieb, dass wegen der feindseligen Propaganda Thomas Manns gegen das Dritte Reich, gemeint war vor allem der offene Brief in der „Neuen Zürcher", das Ausbürgerungsverfahren gegen Thomas Mann eingeleitet werden könne. (52)
Heinrich Mann erklärte das Zaudern seines Bruders mit dessen Abhängigkeit von Deutschland und mit dessen Charakter: *Seine*

Natur, sagt er, sei gewesen, zu repräsentieren. Nicht, zu verwerfen. ... Sein Gewissen hatte einen schweren Weg, bis es gegen sein Land entschied. Um so höher wird ihm sein Entschluss vergolten, hier mit Liebe, dort mit Hass. Er ist ein Zeuge außerhalb der Reihe. Und er ist nicht lau. (53) Und Thomas Mann fasste seine politische Entwicklung im September 1938 in seinem Tagebuch so zusammen: *Die Heimsuchung Deutschlands nun gar durch den Hitlerismus hat diesen ursprünglich unpolitischen Schriftsteller zu einem aus tiefer Seele Protestierenden gemacht gegen den schändlichen Missbrauch, der von diesem verabscheuungswürdigen Regime mit dem deutschen Namen getrieben wird, sie hat ihn zum Emigranten und politischen Kämpfer gemacht.*

Und zu was für einem aktiven Antifaschisten! Bei der Tagung des „Comité de la Cocpération Intellectuelle" in Budapest vom 8. bis 12. Juni 1936 zum Beispiel hielt er eine *improvisierte Rede gegen die Freiheitsmörder und über die Notwendigkeit einer militanten Demokratie, ... eine Äußerung, mit der ich gegen den recht akademischen und schon um der faschistischen Delegierten willen ziemlich leisetreterischen Charakter der Unterhaltungen fast bis zur Taktlosigkeit verstieß.* (54) Seine Lesung aus dem „Joseph-Roman" vor der jüdischen Vereinigung „Kadimah" in Zürich im März 1937 begann er mit einleitenden, klaren Worten gegen den Antisemitismus: *Der Antisemitismus ist ein Zubehör und Losungswort aller trüben, wirren und mit viel Bestialität vermischten Massenmenschlichkeit und Massenmystik von heute. Er ist kein Gedanke, kein Wort, er hat keine Menschenstimme, er ist ein Gegröhle. Und in ein Gegröhle stimmt der geistige, der mit sich selbst strengere Mensch nicht ein: er wartet, bis es einen Augenblick aussetzt und spricht in Stille hinein sein Nein.* (55) Das Münchener Abkommen verstimmte und entmutigte ihn sehr stark wie aus seinem Tagebucheintrag vom 30. September 1938 hervorgeht: *Ausgang der Konferenz bedeutet unsinniger und betrügerischer Weise nichts anderes, als das, wogegen einen Augenblick Europa in Waffen stand, die Zerstückelung und das Ende der C.S.R. ... Angewidert, beschämt und deprimiert.* Seine Tochter Elisabeth bestätigte später diese Depression: *Das hat ihn ungeheuer verdüstert, und als er in New York ankam, war er schon wirklich sehr, sehr verzweifelt.* (56) Dann ging es Schlag auf Schlag: Thomas Mann verfasste Anfang

Dezember 1939 den energisch probritischen Essay „Dieser Krieg", der ihm *von Herzen und aus Überzeugung gekommen* war. (57) Der Artikel wurde in Holland gedruckt und nach der Besetzung bis auf wenige Exemplare vernichtet. Nach dem Waffenstillstand Frankreichs mit dem Dritten Reich beteiligte er sich Ende Juni 1940 an der Gründung des „Emergency Rescue Committee" und hielt am 20. Juli 1940 bei einer Committee-Sitzung in seinem Hause eine flammende Ansprache: *Es ist große Arbeit, ... die gehetzten und geängstigten Menschen zu retten, die in Frankreich, einst dem Land des Lichtes und der Freiheit, Zuflucht vor der Barbarei suchten und die starren Blickes der Auslieferung an einen Feind von tierischer Grausamkeit entgegensehen.* (58) Bei diesem Appell waren die Schicksale von Heinrich Mann, Golo Mann und Prof. Peter Pringsheim im besetzten Frankreich noch ungeklärt. Mit seinem Vortrag „War and Democracy" am 3. Oktober 1940 in Los Angeles setzte er sich für den Kriegs-eintritt der USA ein: *Gestern hielt ich in Los Angeles bei einem Dinner von 400 Personen eine Rede, die nicht probritischer hätte sein können, und deren offene Kritik an dem Verhalten Amerikas seit dem September 39 nicht nur geschluckt, sondern mehrfach mit langem Beifall aufgenommen wurde.* (59)

Im Oktober 1940 begannen dann beim BBC seine monatlichen Radiosendungen nach Deutschland. Seine mehr als 50 Ansprachen starteten immer mit „Deutsche Hörer" und riefen zum innerdeutschen Widerstand auf. Im Februar 1942 beschwor er die Deutschen: *Die freien Völker ... werden weiterkämpfen, wenn es sein muss, Jahr um Jahr und ihr letztes aufbieten, ... um diese Pest mörderischer Überheblichkeit aus der Welt zu schaffen. ...Sehnt es sich nicht* (das deutsche Volk), *ein Volk zu sein, mit dem die anderen leben können, damit nicht aus dem Schrei: ‚Man muss die Nazis vernichten!' mehr und mehr der Schrei werde: ‚Man muss die Deutschen vernichten?'* (60)
Deutsche Hörer! Deutsche Hörer: ein deutscher Schriftsteller spricht zu euch, dessen Werk und Person von euren Machthabern verfemt sind und dessen Bücher ... nur noch zu fremden, freien Völkern in ihrer Sprache reden können, während sie euch stumm und unbekannt bleiben müssen. ... Im Kriege jetzt gibt es für das geschriebene Wort keine Möglichkeit mehr, den Wall zu durchdringen, den die Tyrannei um euch errichtet hat. (61) Und im September 1942 machte er auf das

schreckliche Ausmaß der Judenvernichtung aufmerksam: *Deutsche Hörer! Man wüsste gern, wie ihr im stillen von der Aufführung derer denkt, die in der Welt für euch handeln, die Juden-Greuel in Europa zum Beispiel – wie euch dabei als Menschen zumute ist, das möchte man euch wohl fragen. .... Nach den Informationen der politischen Exil-Regierung sind alles in allem bereits siebenhunderttausend Juden von der Gestapo ermordet oder zu Tode gequält worden. ... Wisst Ihr Deutsche das? Und wie findet ihr es?* (62)

In der Radio-Sendung zum zehnjährigen Bestehen der Nazi-Herrschaft vom 24. Januar 1943 forderte er die Deutschen erneut verzweifelt zum Widerstand auf: *Den Nazis ist an Deutschland nicht das Geringste gelegen, um ihre Haut ist es ihnen zu tun. Wollt ihr sie bis zum letzten gewähren, es für euch, für Deutschland, zum Äußersten kommen lassen und den Unsinnigen nicht in den Arm fallen, bevor sie in letzter Stunde noch all ihre Schandtaten überbieten?* (63) Und nach der Bombardierung Lübecks im April 1942 vertraute er seinen Hörern an: *Das geht mich an. Es ist meine Vaterstadt. ... Aber ich denke an Coventry und habe nichts einzuwenden gegen die Lehre, dass alles bezahlt werden muss.* (64) Eine Haltung, die ihm von vielen Deutschen verübelt worden ist und teilweise heute noch vorgeworfen wird. Nach dem Tod Roosevelts griff er bewegt Hitler frontal an: *Deutsche Hörer! Ein großer Mann ist gestorben, ein Staatskünstler und Held, ein Menschenfreund und Menschenführer. ... Schande genug, du stupider Völkermörder, dass ‚Der' gehen musste und du noch lebst. Wie kommst du dazu, noch zu leben? Wo dieser - Geist wurde, bist du nur noch Gespenst. ... Deine Tage sind gezählt; sie waren es, als dir dieser Gegner entstand, und noch im Tode wird er dir furchtbar sein.* (65)

Und die Wirkung aller Anstrengungen und Proteste? Bei seiner Rede zu seinem 50. Geburtstag am 6. Juni 1925 hatte Thomas Mann gesagt: *Wenn ... mein Treiben und Schreiben in der äußeren Menschenwelt bildende, führende, helfende Wirkungen gezeitigt hat, so ist das ein Akzidens, das mich in dem selben Grade überrascht, wie es mich beglückt.* Und genau das wird bei seinen antifaschistischen Bemühungen passiert sein. (66)

Ich bin weder Partisanin, noch würde ich zum Kreuzfahrer taugen. Meine politischen Ansichten und Handlungen sind stets mehr von meinen persönlichen Erfahrungen und Impulsen als von abstrakten Prinzipien bestimmt worden. Das einzige ‚Prinzip', an das ich mich halte, ist mein hartnäckiger Glaube an einige grundlegende moralische Ideale – Wahrheit, Ehre, Anstand, Freiheit, Toleranz. (67) Verschwiegen hat **Erika Mann** aber bei diesem persönlichen Bekenntnis ihre große Streitbarkeit, ihren alltäglichen, satirischen und publizistischen Kampf gegen Hitler, den sie seit Anfang 1933 mit der „Pfeffermühle" besonders intensiv führte, und der sie zu einer leidenschaftlichen antifaschistischen Kämpferin machte. Da hatte ihr Bruder Golo ihr Hochzeitsfoto mit Gustav Gründgens doch total falsch interpretiert, in dem die beiden ein konventionelles Paar abgeben: „er" hat „sie" im Arm und die beiden lächeln sich an. Er hebt das Glas, und sie hat einen Blumenstrauß in der Hand und präsentiert mit der anderen das Familienbuch: *Ja, das aasige Lächeln*, kommentierte Golo Mann: *Wie er das Glas hebt. ... Er ist ganz der Herr. Man sieht, wie er dominiert über sie und wie sie sich unterordnet, wie das eben doch sein musste in einer Liebe, einer deutschen Liebe damals.* (68) Deutsche Liebe hin oder her. Schon seine Schwester Elisabeth protestierte gegen diese konventionelle Deutung: So war es nicht: *Nicht ganz! Nein. Oh, nein!* (69)

Die Idee zur Gründung eines politischen Kabaretts stammte von dem Komponisten und Pianisten Magnus Henning. Den Namen „Die Pfeffermühle" schlug Thomas Mann vor, der beim Abendessen im Familienkreis die auf dem Tisch stehende Pfeffermühle nahm und die Runde fragte, wie es denn damit sei. (70) Politisch motiviertes Theater, das war etwas für Erika. Regie sollte ihre Freundin Therese Giehse führen, die Texte wollte Erika hauptsächlich schreiben, und Magnus Henning sollte sie vertonen. *Sie hat ja alles geschrieben, alle Texte von unseren vier Programmen waren von ihr. Das war ihr großes Talent: sie konnte fantastisch schnell gute Texte schreiben,* meinte **Magnus Henning**. (71) Eine Übertreibung, auch Klaus Mann, Walter Mehring oder Wolfgang Koeppen steuerten Texte dazu bei, aber die überwiegende Mehrzahl stammte von ihr.

Premiere war am 3. Januar 1933 in der „Bonbonnière" mitten in München neben dem Hofbräuhaus. Der Kritiker Ernst Heimeran schrieb anschließend in den „Münchener Neuesten Nachrichten", dass es in München zwar mehrere Kabarettformen gebe, dass aber ein Kabarett wie die „Pfeffermühle" gefehlt habe. (72) Erika gab 1034 Vorstellungen in knapp vier Jahren, die meisten auf Tourneen in Nachbarländern.

Im November und Dezember 1933 und Anfang 1934 organisierte Erika zwei erfolgreiche Tourneen durch die Schweiz. Der deutsche Generalkonsul in Zürich machte damals Thomas Mann Vorhaltungen wegen der politischen Unvorsichtigkeiten seiner Tochter, und Walter Mehring dichtete den „Emigrantenchoral":

Wir woll'n uns lieber mit Hyänen duzen
Als drüben mit den Volksgenossen heul'n!
Wo Ihr auch seid:
Das gleiche Leid
...
Die ganze Heimat und
Das bisschen Vaterland
Die trägt der Emigrant
Von Mensch zu Mensch – von Ort zu Ort
An seinen Sohl'n, in seinem Sacktuch mit sich fort (73)

Erika Mann erschien am Ende der Vorstellung als „Prinz von Lügenland" in schwarzer SS-Uniform und besang die Kunst des hohen Lügens: *Wer einmal lügt, dem glaubt man nicht. Wer immer lügt, dem wird man glauben.* Prompt protestierten die Nazis gegen diese Verunglimpfung Deutschlands und den Missbrauch der SS-Uniform. (74)

Auf der Holland-Tournee im Mai und Juni 1934 schrieb sie das Chanson „Weil ich will", das die Willkür des Führers karrikierte:

Was so ein Will will
ist wirklich einerlei, -
Wenn er das Schlechte will
Ist's auch egal
Es kommt nur darauf an,
das einer wollen kann, -

Denn dann gehorchen wir
Ihm allemal (75)

Die tausendste Vorstellung fiel auf den 26. April 1936 in Amsterdam. Selbst die niederländischen Behörden gaben dem deutschen Druck nach und verlangten, die Mühle müsse auf politische Anspielungen verzichten – trotz der dortigen großen Emigranten-Szene und der beiden Amsterdamer Emigranten-Verlage „Querido" und „Allert de Lange".
Auch die „Neue Zürcher" warf dem dritten Pfeffermühlen-Programm im Dezember 1934 eine zu offenkundige Politisierung vor und kritisierte, dass es zu stark aus Verbitterung und zu wenig aus dem Herzen spreche. (76) Die damaligen Krawalle um die Pfeffermühle wurden wohl von der mit einem Industriellen verheirateten stramm rechten und mit den Nazis sympathisierenden Mutter von Annemarie Schwarzenbach, einer engen Freundin von Erika und Klaus, angezettelt. Einzelne Kantone erteilten keine Spielgenehmigung mehr, zum Beispiel Davos mit der Begründung, dass dadurch die deutschen Gäste brüskiert würden. Außerdem schuldete Davos der Familie Mann wirklich keine Dankbarkeit, da der "Zauberberg" durch seine Schilderung des Klinik- und Kurbetriebes dem Kurort zweifellos Nachteile gebracht habe. (77) Dümmer geht's nicht! Erika Mann fragte sich einigermaßen entgeistert, wann denn endlich der Mond bewohnbar werde, denn auf der Welt könne man ja nicht mehr bleiben. (78)
Während der sich anschließenden Tourneen in die Tschechoslowakei und nach Benelux verlor Erika Mann im Juni 1935 ihre deutsche Staatsbürgerschaft – als geistiger Motor der gegen Deutschland gerichteten „Pfeffermühle" und wegen ihrer Verhöhnung des Dritten Reiches. (79) Doch Erika Mann wäre nicht Erika Mann, wenn sie nicht vorgesorgt hätte: sie heiratete noch im Juni den englischen Lyriker Wystan H. Auden und wurde britische Staatsbürgerin. Eine reine Pass-Ehe, das ja, aber die beiden wurden Freunde. Die letzte Vorstellung der „Pfeffermühle" fand dann im Mai 1936 in Luxemburg statt, bevor es in die USA ging. Als Starthilfe für die USA-Tournee konnte Erika Mann im August 1936 eine private Vorstellung in Max Reinhardts Haus organisieren. Zu den geladenen Gästen gehörten

amerikanische Sponsoren aus dem Showgeschäft sowie Marlene Dietrich. Ihre gekonnten Abgänge und Wiederauftritte hielt Therese Giehse für viel interessanter als die Szenen der „Pfeffermühle". Ihr wurde dabei schlagartig klar, dass eine amerikanische Tournee völliger Unsinn war. Sie konnte sich aber gegen Erika nicht durchsetzen. (80) Und der Reinfall ließ im Januar 1937 in New York nicht auf sich warten. Deutsches Kabarett war einfach mit seinen Anspielungen für die Amerikaner unverständlich.

Wir waren im Grunde genommen ein Haufen Anti-Nationalsozialisten. Die meisten waren Emigranten und Juden. Vor allem die Giehse. Die hat gesagt: Ich bin Volljüdin, und ich bleibe solange bei der ‚Pfeffermühle', solange die ‚Pfeffermühle' existiert, um gegen die Nazis kämpfen zu können. Sie war fantastisch! (81) Wieder eine Übertreibung von Magnus Henning, denn von den siebenundzwanzig Mitgliedern, die die „Pfeffermühle" insgesamt hatte, waren nur drei, Erika Mann, Therese Giehse und Magnus Henning, immer dabei. Der *Haufen* war also gespalten. Das beschönigte Igor Pahlen, einer der Schauspieler der „Pfeffermühle", im September 1994 in einem Gespräch auch nicht: *Nur leider! War die Pfeffermühle nicht ein zusammenhängendes Ganzes. ... Es gab drei Gruppen, die außer der Arbeitszeit nicht miteinander verkehrten. ... So fanatisch sozial sie sich gab, so asozial konnte sie sich verhalten.* (82) Eine Anspielung auf Reisen in der ersten Kasse von Erika und Therese Giehse, während sich die anderen Ensemble-Mitglieder mit der dritten Klasse begnügen mussten.

Und die Wirkung der „Pfeffermühle"? Joseph Roth war restlos davon überzeugt, dass das Kabarett zehnmal mehr gegen die Nazis ausrichtete als alle Schriftsteller zusammen. Das schrieb er jedenfalls im Frühjahr 1935 an Erika Mann. (83) Und für die Schriftstellerin und Journalistin Hilde Spiel war das Engagement der „Pfeffermühle" viel mehr als Unterhaltung und Belustigung, sie hielt es für ein Zeitgericht. (84) Der niederländische Schriftsteller Menno Ter Braak stellte bewundernd fest, *dass das Erlebnis entscheidend war, die Emigration gab einem Talent einen Sinn.* (85) Er bestätigte damit Erikas Wahlspruch, von ihren persönlichen Erfahrungen und nicht von theoretischen Prinzipien auszugehen.

1939 veröffentlichten Erika und Klaus Mann ihr „Escape to Life", ein Buch, das zu einem ihrer großen Erfolge im Exil wurde, in Deutschland aber erst 1996 bei Rowohlt herauskam. Vielleicht, weil es nicht nur Schriftsteller, Künstler, Schauspieler, Musiker, Wissenschaftler und Politiker im Exil vorstellte, wie. z.B. Heinrich Brüning, Sigmund Freud, Thomas und Heinrich Mann, sondern auch Opportunisten, die im Dritten Reich geblieben waren, wie Gustav Gründgens, der ziemlich heftig kritisiert wurde.

In ihrem 1940 gemeinsam veröffentlichten Buch „The Other Germany", das dem ‚Kunstmaler' aus Österreich in die Hände gefallen war, sind die anderen Deutschen zwar keine Nazis, haben aber die fatale Neigung, die Politik besser anderen zu überlassen. Die Beiden schrieben gegen Hitler an und wollten über ihn aufklären. Für Erika hätte das Buch auch „Why not learn from history" heißen können, denn es ging um die historischen Parallelen, zum Beispiel um die politische Gleichgültigkeit der Deutschen vor 1933 und um die entsprechende Haltung der Amerikaner zu Spanien während des Bürgerkrieges. (86) Das Fazit des Buches: Der Verteidigungskrieg gegen Hitler muss ein Kampf für ein neues Europa werden. (87)

1940 erschien dann Erikas „The Lights go down". Das Thema: der Alltag unter dem Hakenkreuz, der die Menschen unzufrieden machte, ja, ein normales, alltägliches Leben sogar verhinderte. *Und nur in seltenen Augenblicken erschreckender Klarheit stellten sie* (die Bürger der Stadt) *sich die Frage, von deren Beantwortung alles abhing. Warum, so fragten sie sich dann, warum folgen wir in blindem Gehorsam einem Schicksal namens Adolf Hitler? Warum gehorchen wir? Da aber die Antwort ausblieb, gehorchten sie – fürs Erste – weiter.* (88) Treffender als „The Lights go down" konnte der Titel also nicht sein. In ihrer Erzählung „Don't make the same mistakes" (1940) warnte sie davor, Hitler und sein Welteroberungsprogramm zu unterschätzen.

Von August bis Oktober 1940 und von Juni bis September 1941 arbeitete Erika Mann als Journalistin für die deutschen Sendungen der BBC in London. Dabei setzte sie sich nonchalant über die damit verbundenen Unannehmlichkeiten und Gefahren hinweg, sie wollte sich einfach gegen Hitler engagieren, (89) die Deutschen vor der Niederlage und der drohenden Katastrophe warnen und den

Amerikanern klar machen, dass sie in den Krieg eintreten müssten. Zum Beispiel mit ihrer Ansprache vom 30. Juli 1941: *Deutsche Hörer – es steht schlecht um die schlechte Sache Eures schlechten Führers. ... Gewiss sieht man in Deutschland Teile, wenigstens, der Wahrheit. Man sieht sich eingesperrt, umgeben und umstellt von Feinden – von Hitlers Feinden, den Feinden seines Regimes, seiner Untaten, seiner Kriegsmaschine, seiner pathologischen und kriminellen Welteroberungs- und Weltvernichtungsträume.* (90) Der „Völkische Beobachter" konterte prompt: *Ist Mister Duff Cooper also schon bis zur Erika Mann herabgestiegen? Besser als alle erlogenen Albernheiten, die er täglich über die Antennen jagt, spricht die Wahl dieser politischen Gebrauchsdirne aus dem Hause Mann. Denn nur dort, ... wo sich die Geistlosigkeit mit dem Unrat der Gosse vermählt, da erscheint dieses Prachtstück, das zu dem einst so hoch literarischen und charakterlich so verlumpten Thomas Mann ‚Vater' sagen darf.* (91)

In ihrem „Vogue"-Interview vom 1. Januar 1942 mit Lord Vansittart, einem der schärfsten Kritiker der englischen Appeasement-Politik, sprachen sich beide dafür aus, Deutschland nicht in erster Linie zu bestrafen, sondern umzuerziehen. (92) Sie interviewte damals auch Friedelind Wagner, eine Enkeltochter Richard Wagners, die wegen der mörderischen Absichten der Nazis und des Akklamationskurses im Hause Wagner in die Emigration gegangen war.

Elisabeth Mann fasste das Leben Erikas später in einem Gespräch mit dem Filmemacher Heinrich Breloer so zusammen: *Ihr größter Erfolg war die ‚Pfeffermühle'. Dann war noch mal ne gute Zeit mit den Vorträgen, als Kriegsjournalistin und so. Da hat sie auch noch viel Glanz gehabt. Danach ging's eigentlich nicht mehr.* (93)

Vor dem Grauen und der Barbarei in Deutschland, die sich auch in anderen Ländern abzeichnete, ließ **Klaus Mann** in seiner Erzählung „Letztes Gespräch" den Antifaschisten Karl seine resignierte Freundin Annette beschwören und zum Kampf auffordern. Auch auf sie beide komme es an! (54) Eine Haltung, die gleichermaßen für Klaus Mann selbst ab den dreißiger Jahren zutraf.

Seine Einstellung in den zwanziger Jahren fasste er im „Wendepunkt" offen und klar zusammen: *Ich war verantwortungslos; ich war oberflächlich. Ich begnügte mich, in meinen Reden und Manifesten, mit Anklagen und Forderungen recht unverbindlich-allgemeiner Art. ... Ich ... glaubte lange – bis zum Jahre 1933, um genau zu sein – dass das Politische sich gleichsam mit der linken Hand erledigen ließ, wie eine ‚Fleißaufgabe'.* (95) Sitte und Moral hatten nach Ende des 1. Weltkriegs einen dramatischen Wandel erfahren. *Ja, wir waren früh vertraut mit apokalyptischen Stimmungen, erfahren in mancherlei Exzessen und Abenteuern. ... Wir konnten nicht von einer sittlichen Norm abweichen: Es gab keine solche Norm*, kommentierte Klaus Mann. (96) Alle taumelten, besonders in Berlin, im Jazz-Delirium oder ganz nach dem Hit der Saison : *Komm mit mir nach Brasilien, komm mit mir in die Pampas, da gründen wir Familien, weil ich mit dir zusamm' pass...* Der Tanz wurde zur Leidenschaft, zum Kult. Die Börse wackelte, die Reichsmark verfiel, und die Minister lösten sich ab. Als der junge französische Germanist Pierre Bertaux in dieser Zeit nach Berlin kam, schrieb er an seine Eltern, dass diese Stadt mehr als einen Anflug von Verrücktheit, Haltlosigkeit und Unvernunft ausströme. (97) Und mitten drin: Klaus Mann!

„Vor dem Leben", sein Erstling vom Mai 1925, das Bühnenstück „Anja und Esther" und „Der fromme Tanz", in dem er sich mit achtzehn Jahren zur Homosexualität bekannte, (98) spiegelten das ziellose Leben entwurzelter bürgerlicher Jugend. Sein Bruder Golo empfand „Anja und Esther" als *hochstilisiert* und kommentierte: *Nein, nein, mit diesen frühen Stücken, nein, damit konnte er die Liebe seines Vaters nicht erringen. Das wusste er auch. Er war ja intelligent. Er wusste, dass das nicht im Sinne des Vaters war*. (99) Für den berühmten Berliner Kritiker Herbert Ihering hatte Klaus Mann mit „Anja und Esther" einen *szenischen Marlittroman der Homosexualität* geschrieben: *Alles ist nur verzärteltes Auskosten, morbides Glimmen, undramatisch, unlebendig, von einem süßlichen Moderduft durchzogen*. (100)

Und dennoch: Klaus Mann hatte bereits in diesen Jahren viel von Frankreich und seinen Schriftstellern gelernt. Sein humanistisches Wertesystem formte und festigte sich mit diesen Kontakten ebenso wie seine Forderung nach dem Auszug der Intellektuellen aus dem Elfenbeinturm und seine proeuropäische Überzeugung. Und das im Gegensatz zu dem damaligen Durchschnittsdeutschen mit seiner antifranzösischen Einstellung: *Man bestätigte uns,* schrieb Klaus Mann im Alter von fünfundzwanzig Jahren in seiner ersten Autobiographie „Kind dieser Zeit", *dass wir von allen Seiten überfallen waren. Frankreich wollte irgendwas zurückhaben, was wir ihm einst aus guten Gründen weggenommen hatten. ... Die Franzosen waren so grausam, dass sie einer Dame, die in einem ihrer betrügerischen Badeorte ihr gutes Geld gelassen hatte, die Zähne mit dem Hammer einschlugen.* (101) In dieser Atmosphäre kam es für die Manns auch nicht in Frage, ein französisches Kindermädchen einzustellen. *Sie wäre auf den Straßen der Stadt München gesteinigt worden,* erklärte er. (102) Übrigens war man mit diesen Klischees in guter Gesellschaft, lässt doch Goethe in „Auerbachs Keller" Brandner ausrufen, ein echter deutscher Mann möge keinen Franzen leiden. Und als Faust seinen Appetit auf Gretchen allzu ungestüm vorbringt, mahnt ihn Mephisto: *Ihr sprecht schon fast wie ein Franzos.*

Klaus Mann dagegen interessierte sich schon früh für die französische Sprache und Literatur und machte Paris eine große Liebeserklärung: *Paris ist liebenswert, weil es dort so gut zu essen gibt und weil alle Leute französisch sprechen und wegen der vielen Statuen und Fontänen – sie sind so dekorativ – und wegen der vielen Pissoirs – sie sind so praktisch – und wegen der Ziehharmonika-Musik in den volkstümlichen Dancings („passez la monnaie!') und wegen der Bouquinisten an den Seine-Quais und wegen des Louvre. Man liebt Paris, weil die Place de la Concorde sich ständig im Kreise dreht, ein Riesenkarussell, das mit all seinen Monumenten, Fahrrädern, Blumenbeeten und Autobussen, um den ägyptischen Obelisken wirbelt.* (103) Aber nicht nur die Stadt hatte ihn fasziniert, sondern auch der junge Schriftsteller René Crevel. Seine Liebe zu ihm hatte er im August 1926 seiner Schwester Erika gestanden. (104) Crevel, Jean Cocteau und besonders André Gide hatten ihn tief beeindruckt und seine allmähliche politische Bewusstwerdung mitgesteuert. Er benutzte später die Person Crevels als Modell für den „Till" in seiner „Kindernovelle" und für den Widerstandskämpfer Marcel Poiret in seinem „Vulkan". Er erkannte in Jean Cocteau den Dichter im „Elfenbeinturm", der *an der Poesie verbrennt wie ein Physiker an gewissen gefährlichen Strahlen, mit denen er zuviel experimentiert,* (105) und setzte sich dagegen ab. In Gide sah er den Europäer par

excellence. Er hatte ihm den Weg zu sich selbst gewiesen. (106)
Zusammen mit dem Politisierungsprozess, der in den letzten Jahren der Weimarer Republik die deutschen Schriftsteller ergriff, war damit die Basis für die politische Entwicklung Klaus Manns zum aktiven Antifaschisten gelegt und die Gefahr gebannt, zum Modeliteraten eines versnobten Publikums zu werden. Nach den Septemberwahlen 1930 mit ihrem Stimmengewinn der Nazis schrieb er seinen Artikel „Jugend und Radikalismus. Eine Antwort an Stefan Zweig" und trat damit zum erstemal öffentlich gegen den Faschismus auf. Zweig hatte das Wahlergebnis als Auflehnung gegen die Langsamkeit der Politik verharmlost, eine Haltung des Alles-Verstehen-Wollens, die Klaus Mann strikt ablehnte. Ihm war mehr als klar, dass die bekannten und einflussreichen Namen sich nicht mit den antifaschistischen Kämpfern identifizieren wollten. (107) Trotz aller Verbundenheit mit Zweig wiederholte er diese Kritik selbst in seinem Nachruf auf ihn und fragte fassungslos, wo Zweigs Protest und Widerstand, wo seine Verteidigung der ihm teuren Werte geblieben sei. (108)
Die leistete Klaus Mann in den Folgejahren, besonders in der Exilzeit. Eine Zeit, die ihn nach Einschätzung seines Vaters zum Mann machte und in ihm eine demokratische Verantwortung reifen ließ. (109)
Bereits am 14. Dezember 1931 notierte er in seinem Tagebuch: *Muss man fort aus Deutschland?* Das Land wurde ihm immer fremder. Die Machtergreifung, den 30. Januar 1933, erlebte er dann zusammen mit seinem damaligen Freund Erich Ebermayer in Leipzig als Alptraum und schwere Belastung. Am 9. März 1933 hielt er in seinem Tagebuch fest: *Die deutsche Hölle (Golo in Göttingen von Kriminalern besucht, weil im Lokal Meinung geäußert).* Wenige Tage später, am 11. März 1933, war es dann fast soweit: *Wegfahren?* fragte er sich. Schon achtundvierzig Stunden später verließ er Deutschland in Richtung Paris. Sein kräftiger dreifacher Strich in seinem Tagebuch vom 14. März 1933 beweist, wie bewusst ihm sein neuer Lebensabschnitt war: *Paris, Hotel Jacob. Ankunft Gare de l'Est. Im Bahnhofsrestaurant gegessen,. .... Einsamkeitsgefühl.* Bertaux meinte zu ihm: *Das wird lange dauern. Sie müssen sich darauf einstellen, international zu werden.* (110) Wie recht er behalten sollte. Sein Exil dauerte im Grunde bis zu seinem Tod im Mai 1949.
Nach vielen erfolglosen Versuchen – er hatte in Erinnerung an seine

Großmutter Julia und an das Beispiel Golos auch mit dem Gedanken gespielt, um einen brasilianischen Pass zu bitten - erhielt er einen niederländischen Fremdenpass: *Den Gunstpass bekommen – also ein großer Tag,* hielt er am 21. Juni 1934 in seinem Tagebuch fest. Am 1. November 1934 wurde er dann ausgebürgert.

Als Gottfried Benn seine für Klaus Mann anstößigen Anbiederungsversuche an den Faschismus begann und verbreitete, die deutsche Jugend verachte diejenigen, *die sich im Augenblick des Angriffs nach unbemerkten Grenzübergängen und nach Grundstücken in Ascona umsehen, statt die Lenden zu gürten und die Wurfschaufel in die Hand zu nehmen und sich in Gefahr zu begeben,* (111) formulierte Klaus Mann am 9. Mai einen drastischen Protestbrief, in dem er Benn ganz unmissverständlich darauf hinwies, dass er durch seine Kollaboration mit den Nazis alle Freunde verlieren werde. Er solle doch an André Gide und die vielen anderen Intellektuellen denken, die gegen die Nazis Stellung nähmen. (112)

Benn schlug in seiner Antwort im Berliner Rundfunk am 24. Mai. 1933 und später in der „Deutschen Allgemeinen Zeitung" zurück: *Da sitzen Sie also in Ihren Badeorten und stellen uns zur Rede, weil wir mitarbeiten am Neubau eines Staates, dessen Glaube einzig, dessen Ernst erschütternd, dessen innere und äußere Lage so schwer ist. ... Diesem Staat und seinem Volk wünschen Sie vor dem ganzen Ausland Krieg, um ihn zu vernichten.* (113) Klaus Mann legte im Septemberheft in der „Sammlung" mit herben Worten nach und verurteilte die Entwürdigung, ja die Prostitution und den Verrat Benns. Für ihn war klar, dass die Antifaschisten den Nazis unversöhnlich gegenüberstehen müssten. (114) Damit war der antifaschistische Kampf endgültig aufgenommen, eine politische Rolle, die Klaus Mann noch in seinem Tod spielte. Benn wurde nach Kriegsende sein Irrtum deutlich und er gab klipp und klar zu, dass der junge Klaus Mann die Situation damals besser beurteilt und die Katastrophe exakt vorausgesehen hatte. Er hatte klarer als Benn gedacht. (115)

Mit Joseph Breitbach, dem zweisprachigen Literaten, der im Deutschen und Französischen zu Hause und in der Münchener Zeit mit Klaus Mann befreundet war, gingen die „Querelles littéraires" weiter. Breitbach hatte den Franzosen Nachholbedarf an den volksverbundenen Autoren bescheinigt, wie zum Beispiel an Hans

Grimms „Volk ohne Raum" oder Hermann Stehrs „Der Heiligenhof". Autoren wie Heinrich Mann dagegen deformierten nach seiner Meinung Deutschland zur Karikatur. Ausgerechnet Grimms „Volk ohne Raum", das die Kolonisierung Afrikas propagierte, man weiß, wohin dieser programmatische Aufruf führte. Klaus Mann konnte sich im August 1934 bei seinen Protesten in der Revue „Hebdomadaire" nicht ausmalen, dass das Land Rheinland-Pfalz noch heute einen hoch dotierten „Joseph Breitbach Literaturpreis" auslobt.

Der Literaturstreit ging mit der „Neuen Zürcher Zeitung" weiter, deren Feuilleton-Chef Eduard Korrodi im Januar 1936 die deutsche Exilliteratur diffamiert hatte. Klaus Mann bat sofort seinen Vater zu protestieren. Und wirklich, Thomas Mann rang sich endlich zu einer öffentlichen und klaren Stellungnahme gegen die Nazis durch und betonte, dass der deutsche Antisemitismus und die damit verbundenen Gräuel einen unheilvollen Keil zwischen Deutschland und die übrige Welt treiben werde. (116)

Seine Attacke auf den Troubadour des Krieges Ernst Jünger, der besonders durch sein Buch „In Stahlgewittern" berühmt geworden war, traf den wunden Punkt: *Kennen wir ihn nun ein wenig, diesen Taschenspieler, der uns die Barbarei als neue Gesinnung vorgaukelt und mit seiner Blutromantik die Knaben verführt, ... ein Geist von der finsteren Glut Jüngers kann Unheil stiften.* (117) Ein Geist, der sich seiner legendären Aura sicher war – trotz seiner fanatischen Ablehnung der Demokratie.

Die „Sammlung", Klaus Manns literarische Monatsrevue, hatte bei ihrem Start in Amsterdam für viel Aufsehen gesorgt: Der „Querido"-Verlag gab sie heraus, André Gide, Aldous Huxley und Heinrich Mann hatten das Patronat übernommen, und namhafte Autoren wie Cocteau, Maurois, Schickele, Zweig, Döblin und Thomas Mann hatten ihre Mitarbeit zugesagt. Die „Sammlung" sollte die emigrierten Schriftsteller in Europa bekannt und sie mit ihren Gastländern vertraut machen. Sie war nach Klaus Mann *schöngeistig, dabei aber militant – eine Publikation von Niveau, aber nicht ohne Tendenz. Die Tendenz war gegen die Nazis.* (118) Und wie! Heinrich Mann hatte das erste Heft mit seinem Artikel „Sittliche Erziehung durch deutsche Erhebung" mit den schärfsten Attacken gegen Deutschland eröffnet: *Die gegenwärtigen Diktaturen haben den Drang, die Demokratie zu zerstören bis zu dem Grade, dass künftige Geschlechter nicht einmal den Begriff mehr kennen. ... Göring, so unermüdlich wie morphiumsüchtig, findet für eines noch immer Zeit: das ist Hinrichtungen zu befehlen.* (119) Zum Entsetzen seiner Kinder Klaus und Erika zog daraufhin Thomas Mann seine Mitarbeit zurück: *Post: großer Brief vom ZAUBERER, die peinlichste Sensation: sein zweites Telegramm an Fischer, sein Abrücken von der 'Sammlung', gleichzeitig das von Döblin – Schickele; sehr schmähliche Angelegenheit; Trauer und Verwirrung. Dazu noch Brief von Stefan Zweig – auch ein ganz feiger Rückzieher. Elend,* vertraute Klaus Mann am 15. September 1933 seinem Tagebuch an. Und Erika schrieb wütend an ihren Vater, dass er mit seiner Abage nicht nur Klaus einen dickeren Strich durch die Rechnung gemacht habe als es die Nazis jemals könnten, sondern er habe vor allem ihrer Familie, aber auch der antifaschistischen Sache schwer zugesetzt. (120)

Der Gegenangriff der Nazis ließ nicht auf sich warten. Ihr Autor Willi Vesper schrieb im November 1933 in der „Neuen Literatur": *Die aus Deutschland entflohenen kommunistischen und jüdischen Literaten versuchen von ihren Schlupfwinkeln aus, das neue Deutschland mit einem Wall von literarischem Stinkgas zu umgeben. Zweifellos das gefährlichste Reptil ist die ... unter dem Patronat von André Gide ... von dem Halbjuden Klaus Mann herausgegebene Sammlung.* (121) Hans Johst, der erste Dramaturg des Staatlichen Schauspiels Berlin, schlug dem Reichsführer Heinrich Himmler sogar vor, Thomas Mann für seinen Sohn in Haft zu nehmen. (122)

Klaus Mann engagierte sich weiter auf den antifaschistischen Schriftstellerkongressen 1934 in Moskau und 1935 in Paris. Schon in Moskau wurde deutlich, dass er kein Kommunist war: *Der Kulturbegriff des orthodoxen Marxismus war nicht der meine; aber er war dem meinen doch nicht so diametral entgegengesetzt wie die faschistische Barbarei.* (123) Er kritisierte besonders die Vernachlässigung des Metaphysischen durch den Marxismus und dessen Verkürzung der Dichtung auf ihre rein soziale Funktion. Die besonders *störenden Züge* waren für ihn *der Militarismus; die betonte Unterordnung ('ich gehe, wohin die Partei mich schickt') – eben jene Züge, die an den Faschismus erinnern.* (124)

Für Oskar Maria Graf repräsentierte er damals den gebildeten Weltmann, elegant, schlank und rassig, mit viel Geschmack, wenn er auch ein wenig maniriert auf ihn wirkte. (125) Auch nicht gerade die Beschreibung eines Kommunisten.

An dem internationalen Schriftstellerkongress vom 21. bis 25. Juni 1935 in Paris nahmen rund 200 Autoren aus achtunddreißig Ländern teil, darunter Heinrich und Klaus Mann, Aldous Huxley, André Gide, André Malraux, Ilia Ehrenburg, Boris Pasternack, Robert Musil, Anna Seghers und Bert Brecht. Der Kongress war rein antifaschistisch gegen die Barbarei ausgerichtet. (126) Klaus Mann plädierte in seiner Rede für die Ausrottung des faschistischen Nationalismus und seiner Rassenvorurteile. Und dennoch: Sein Tagebuch vom 24. Juni zeigt, dass er über den Kongress unzufrieden war: *Auch der Kongress erschien mir, als Ganzes, missglückt – oder lag es an meiner miserablen Form? Einige starke Eindrücke: die Reden von Gide und Malraux; die Ovation für Heinrich, als er die Präsidentschaft übernahm; die Ovation für René Crevel. – Unzufrieden mit meiner eigenen Rede – obwohl sie äußerlich leidlich verlief.* Gide hatte mit seiner These *Es kann die Gesamtheit am wirksamsten fördern, wer am individuellsten ist,* für Aufsehen gesorgt. (127)

Zu den wichtigen politischen Fragen und Ereignissen der dreißiger Jahre nahm Klaus Mann regelmäßig Stellung. Zusammen mit Heinrich Mann, Johannes R. Becher und Anna Seghers beteiligte er sich Ende 1934 an dem Appell, der die Saarbevölkerung dazu aufforderte, gegen den Anschluss an das faschistische Deutschland zu stimmen. Dass die Olympiade im August 1936 in Berlin boykottiert werden müsse, davon war Klaus Mann völlig überzeugt und er schrieb unmissverständlich: *Wer den Frieden liebt, fährt nicht zu Sport- und Propaganda-Festen in ein Land, wo alle, die anders denken als die herrschende Clique zum Schweigen gebracht, verbannt oder getötet werden. Jeder anständige Europäer müsste die Monster-Reklame-Veranstaltung des Dritten Reiches – müsste die Olympiade boykottieren. Statt dessen treffen sich in Garmisch-Partenkirchen die Prinzessinnen, die Champions und die Journalisten auf der Ehrentribüne eines blutbefleckten ‚Führers'.* (128) Ganz anders „Le Figaro", der die Olympiade feierte und Verständnis für die unpolitische Haltung der Sportler zeigte: *Die Abfahrt des Olympischen*

Zuges ist triumphal: Die Menge antwortet vielstimmig und intensiv auf die Abschiedsrufe, die die jungen Olympia-Kämpfer mit Überzeugung aus ihren kraftvollen Lungen stoßen. ... Wenn man unter Tausenden von Sportlern Frankreich auf den Olympischen Spielen repräsentiert, wenn man im Mittelpunkt des enthusiastischen Volkes steht, dann können diese jungen Sportler nicht an ernste Dinge denken. (129) Wie tief Klaus Mann der Anschluss Österreichs am 12. März 1938 traf und wie gut er über tragische Einzelschicksale unterrichtet war, geht aus seinem Artikel „Das Ende Österreichs" hervor, den er zuerst in englischer Sprache in seinem gemeinsam mit Erika veröffentlichten Buch „Escape to Life" 1939 in Boston veröffentlichte. Die „Pariser Tageszeitung" schickte ihn zusammen mit Erika als Kriegsberichterstatter auf republikanischer Seite im Juni und Juli 1938 in den Spanischen Bürgerkrieg. Eine Teilnahme, die ihm die Augen öffnete: *Ja. Spanien befindet sich in einem Krieg für seine Unabhängigkeit. Aber das ist nicht alles, Zugriff und Aggressivität des Faschismus bedrohen nicht nur bestimmte andere Länder – etwa die Tschechoslowakei – sie bedrohen die Welt. ... Wir sind dankbar für jeden Tag und für jede Stunde, die wir in Spanien verbracht haben, ... dankbar für die große Lehre, die wir dort erhalten. Wir haben begriffen, ... gegenüber einem so furchtbar starken und total gewissenlosen Feind wie dem Faschismus muss man zusammenhalten, man muss einig sein.* (130) Seine Absage an den Pazifismus folgte wenige Abschnitte später: *Der Faschismus muss wissen, dass wir nicht nachgiebig und schwach sind, sondern zum äußersten Widerstand fest entschlossen. ... Dann – nur dann werden wir endlich befreit und gerettet sein.* (131) Seine Appelle aus Spanien an die Welt waren klar: sie richteten sich gegen die englische und französische Appeasement-Politik, gegen das ewige Nachgeben, auch um den Preis von Gewalt. Er wollte die Welt mit seinen Berichten aufrütteln und muss sich ebenso wie die ihn begleitende Erika in der Rolle gefallen haben. Jedenfalls berichtete Thomas Mann von der großen Zufriedenheit der Beiden, in dem einzigen Land zu sein, in dem damals gegen den Faschismus gekämpft wurde. (132)

Um so mehr erschütterte ihn im September 1938 das Münchener Abkommen, die Angliederung des Sudentenlandes an das Deutsche Reich: *Politik – niederschmetternd. Die kalte Opferung der S.R.R. Der neue Erfolg von Hitler, ... deprimierend,* notierte er am 22. September 1938 in seinem Tagebuch. Er machte für das Abkommen die Angst Europas vor dem Kommunismus verantwortlich, eine Furcht, die die Politiker den Faschismus und damit den Krieg akzeptieren ließ: *Mr. Chamberlain, wohl kaum der Initiator, aber der historische Exponent der ‚Appeasement'-Politik, schien durchaus willens, den Kontinent der Nazi-Hegemonie auszuliefern. ... Mit den Nazis gegen die Roten! ... Der leutselige ‚Prime-Minister' mit Regenschirm, Aktentasche und Hasenzähnen handelte nur als konsequenter und loyaler Repräsentant seiner Klasse.* (133) Frankreich feierte dagegen Daladier stürmisch bei seiner Rückkehr. Selbst die französischen Juden hielten sich mit einer Kritik zurück: Ihre Liebe zum Frieden brachte ihre Ressentiments wegen der Judenverfolgungen zum Schweigen. (134) Zwischen 1930 und 1936 erlebte Frankreich nicht weniger als achtzehn Regierungen, war damit instabil. Für Golo Mann hatte die *Französische Republik ... so schwer mit sich selber zu tun, dass sie keineswegs imstande war, eine kraftvolle Außenpolitik zu führen, jetzt nicht und nicht bis zum bitteren Ende.* (135)

Aber auch die deutsche Emigration war keine geschlossene Einheit, ein Zustand, den Klaus Mann immer wieder kritisierte: *Alle die wirklich gegen den Faschismus sind, sollten versuchen festzustellen, was sie sonst noch miteinander verbindet, statt immer wieder auf dem herumzureiten, was sie etwa noch voneinander trennt. ... Vor einem so starken und ruchlosen Feinde, wie der Faschismus einer ist, auf relativ geringen Meinungsverschiedenheiten untereinander bestehen, anstatt sich zusammenzutun zur Abwehr: das wäre eine Dummheit von schon unmoralischem Ausmaß.* (136) Diese Kritik verhallte ebenso wie sein verzweifelter Appell vom Mai 1939: *Meint ihr – wie wir es meinen – dass die Kriegskatastrophe auf Dauer nicht verhindert werden kann, wenn die Nazis an der Macht bleiben? Wenn ihr das meint, ... dann drängt die nächste Erkenntnis sich auf. ... Hitler muss fallen.* (137)

Über seinen Tschaikowsky-Roman, die „Symphonie Pathétique", schrieb Klaus Mann später im Wendepunkt: *Ich wählte mir diesen Helden, weil ich ihn liebe und weil ich ihn kenne: Ich weiß alles von ihm.* (138) Gemeint sind die Einsamkeit und Heimatlosigkeit, die Homosexualität und Todessehnsucht, die beide teilten. Und dennoch:

auch dieser Roman aus dem Jahre 1935 kann als antifaschistisches Buch gelesen werden. Einmal, weil er die dargestellte Künstlergemeinschaft als Gegenbild zum nationalistischen Faschismus zeichnet: *Da sitzen wir nun alle in einem Berliner Esszimmer, eine Französin, ein Russe , ein Spanier und zwei Norweger. Wir Musiker sind ein Modell für die internationale Gesellschaft der Zukunft.* (139) Dazu passt Tschaikowskys empfindliche Reaktion auf den Nationalismus : *In Leipzig wirft man mir vor, ich sei französisch, in Hamburg, ich sei asiatisch, in Paris, ich sei deutsch, in Russland findet man: ich sei alles im Durcheinander und jedenfalls völlig unoriginell.* (140) Zum anderen räumt der Roman mit dem Wagner-Kult der Nazis auf: *Warum ist der späte Wagner so unerträglich?* fragt Tschaikowsky und gibt die Antwort; *Weil ein satanischer Stolz, eine grausige, imperialistische, echt deutsche Hybris sein Talent ganz ruiniert und aufgefressen hat.* (141) Und schließlich: Tschaikowskys fünfte Symphonie sollte ein Werk des Widerstandes, des großen Aufbegehrens werden.

Bereits 1988 hatte der Rowohlt-Verlag über 575.000 Exemplare des „Mephisto" verkauft, heute beträgt die Zahl der verkauften Exemplare über eine Million. Und das bei einem gerichtlich verbotenen Buch! Ganz abgesehen von der Dokumentation über das Buch von Eberhard Spangenberg, der „ Karriere eines Romans. Mephisto, Klaus Mann und Gustav Gründgens. Ein dokumentarischer Bericht aus Deutschland und dem Exil 1925-1981". Worauf beruht das Interesse? Primär auf der politischen Aussage über den Opportunismus im Dritten Reich, aufgezeigt am Beispiel eines großen Theatermannes? Oder spielen das Verbot des Buches und der Klatsch auch eine entscheidende Rolle? Eindeutig ja, wenn man den „Mephisto" als Schlüsselroman liest. *Im Mittelpunkt steht die Figur eines Intendanten und braunen Staatsrates, der die Züge Gustav Gründgens trägt,* schrieb die „Pariser Tageszeitung", die den Roman als Vorabdruck vom 21. Juni bis 22. September 1936 veröffentlichte. (142) Klaus Mann intervenierte aber sofort mit einem Telegramm an diese Zeitung und erklärte feierlich, aber auch sehr energisch, dass er keine bestimmte Person, sondern einen Typus dargestellt habe. (143) Grund war die Befürchtung seines Amsterdamer Verlegers Fritz Landshoff, man könnte in den Niederlanden gerichtlich gegen den Roman vorgehen.

Sicher eine berechtigte Sorge, wenn man an den deutschen Dramaturgen Heinz Liepmann denkt, der 1934 in Holland wegen angeblicher Verunglimpfung des deutschen Staatsoberhauptes Hindenburg zu einem Monat Gefängnis verurteilt worden war. Wie auch immer: Dass man die Personen hinter dem „Mephisto" erkennt, darin war sich Stefan Zweig ganz sicher, und der berühmte Germanist Hans Mayer las den „Mephisto" auch als Schlüsselroman, übrigens ebenso wie Golo Mann oder Hilde Spiel. (144) Und wenn Klaus Mann am 5. April 1936 seinem Tagebuch anvertraute: *‚Mephisto' wird ein kaltes und böses Buch. Vielleicht wird es den harten Glanz des Hasses haben,* und am 25. Juli 1936 wenige Wochen nach dem Start des Vorabdrucks ergänzte: *Ausführlich und lebendig von Gustav geträumt (Das schlechte Gewissen!),* dann deutet das alles in Richtung Schlüsselroman. Seine Wirkung beruht damit eindeutig nicht nur auf seiner politischen Aussage, seiner Attacke auf den Opportunisten, den Karrieristen ohne Überzeugungen im Dritten Reich, sondern auch auf seiner Qualität als Schlüsselroman, der Gustav Gründgens, den „Götterliebling" seines Förderers Hermann Göring, zwar nicht als blinden Nazi und Faschisten, sondern als Emporkömmling, der um seines Aufstiegs willen mit dem NS-Regime paktiert, entlarvt. Wie wären auch sonst die Gerichtsverfahren gegen das Buch, die Peter Gorski, der Adoptivsohn Gustav Gründgens, aufrollte, zu verstehen?

Thomas Mann hielt die Seiten für die gelungensten und bedeutendsten Teile des „Mephisto", in denen das Böse, das die dreißiger Jahre nach seiner Auffassung wiederentdeckt hatten, dargestellt wird, in denen Mephisto seine Affinität dazu entdeckt und sich ihm hingibt. Es war für ihn ein wahrer Teufelsbund. (145) Ein gelungenes Buch also. Und das schrieb er nach der Lektüre seinem Sohn. Immerhin eine Anerkennung, die Klaus Mann sicher bitter nötig hatte und die das Verhältnis zu seinem Vater verbesserte. Zumal er ihn nach dem Urteil seiner Schwester Monika unheimlich verehrte: *Ich weiß nicht, inwieweit er ihn mit dem Herzen liebte, das weiß ich nicht. Aber der Vater war für ihn die höchste Figur in seinem Leben.* (146) Um so mehr wird er unter seiner negativen Charakterisierung als „Bert", *der nichts weiß und nichts kann und nur daran denkt, den Hanswursten zu spielen, obgleich er nicht einmal dazu Talent hat,* in Thomas Manns „Unordnung und frühes Leid" gelitten haben. (147) Jedenfalls sprach er

Erika gegenüber von einem Vergehen, das ihr Vater mit dieser Novelle begangen hatte. (148) Seine Antwort ließ nicht auf sich warten: In seiner „Kindernovelle" aus dem Jahre 1926 erkennt man nicht nur hinter „Renate", „Heiner", „Fridolin" und „Lieschen" Erika, Klaus, Golo und Monika Mann. Mehr noch: Wir begegnen einer Welt ohne Vater, der nur als Totenmaske über dem Ehebett existiert. Und das wird von dem jungen Till, einem europäischen Intellektuellen, erobert, der Vater des fünften Kindes wird.

Den „Vulkan. Roman unter Emigranten", den Klaus Mann zwischen Januar 1937 und Frühjahr 1939 verfasst hatte, nahm Thomas Mann sehr gut auf und bescheinigte seinem Sohn ein Können, das die Meisten unbestreitbar übertreffe. (149) Ein Urteil, das Lion Feuchtwanger, dessen Roman „Exil" ein Jahr später veröffentlicht wurde, teilte und der ihn in die erste Reihe der deutschen Schriftsteller rückte. (150) Auch Klaus Mann bezeichnete den „Vulkan" später selbstbewusst in seinem „Wendepunkt" als seine wohl gelungenste Arbeit. Marcel Poiret trägt die Züge René Crevels, Klaus Manns großer platonischer Liebe: Der bürgerliche Intellektuelle Marcel hat sich seiner Klasse entfremdet und hasst sie in Gestalt seiner Mutter glühend. Er will keine Worte mehr machen, er will handeln, will die Tat, das Opfer. (151) Der Spanienkrieg bot die Gelegenheit. Der Roman warnt vor dem Faschismus, vor seinen Gefahren, seinen Kämpfen und Morden, vor den durch ihn verursachten Schmerzen und fragt verzweifelt, wohin man sich retten könne. Klaus Mann setzte damals seine einzige Hoffnung auf die USA. Die europäischen Regierungen waren zu stark auf ihre Appeasement-Politik eingeschworen und traten dem Hitler-Regime nicht energisch genug entgegen. Im Gegenteil: sie zogen Geschäfte mit ihm vor und benutzten es als Bollwerk gegen den Kommunismus. Die Romanpersonen müssen sich daher entscheiden: Kampf oder Resignation – das ist die Alternative. Er begriff dabei das Exil in seinem „Vulkan" als Fluch und Verhängnis, aber gleichzeitig auch als Chance: *Überall blieben sie am Rand der Gesellschaft. ... Sie vereinsamten, wurden asozial, weil sie an nichts denken, über nichts reden konnten, was nicht das eigene Elend betraf. ... Anderen freilich war die harte, angespannte Existenzform gut bekommen. ...Das Exil – die harte Schule, durch die sie gingen – hatte sie zu Menschen geformt* .(152)

Klaus Mann zog im September 1938 persönliche Konsequenzen aus der verfahrenen politischen Situation in Europa und emigrierte weiter in die USA.

Immer in meinem langen Leben, tat ich im Prinzip, was man von mir wollte, in diesem Fall etwas mir im höchsten Grade Lästiges. (153) Ein Kommentar **Golo Manns** zu seiner zusätzlichen Übernahme des Mittelhochdeutsch-Unterrichts an der Universität Rennes, an der er von Herbst 1935 bis in den Juli 1936 arbeitete. Er ließ sich von seinem Ordinarius dazu breitschlagen, verpflichtet war er als Lektor nur zu seinen Übungen in neuer Literatur und Geschichte. Eine für ihn typische Anpassungsbereitschaft, die sich immer wieder bei ihm zeigte und die er wohl im Elternhaus gelernt hatte, das ja das Ducken vor dem Vater verlangte: *Es gab eigentlich immer einen Grund, im Hause still zu sein. Vormittags arbeitete er. Nach dem Mittagessen schlief er, und am späten Abend hat er sich auch ernsthaft beschäftigt* (154), so erinnerte er sich später an seinen Vater. Als Thomas Mann im Sommer 1933 in Sanary schwankte, ob er den ‚Sirenen'-Rufen seines Verlegers Gottfried Bermann-Fischer nachgeben und nach Deutschland zurückkehren sollte, da spielte Erika den Widerpart. Golo selbst aber stand *in der Mitte, neigte aber doch, wie die Wochen vergingen und die bösen Nachrichten aus der Heimat sich häuften, zunehmend mehr zu Erika, wenn mir auch ihre Resolutheit fehlte.* (155) Auch in seiner Einschätzung Hitlers schwankte er noch im September 1933 und, hielt den damaligen Parteitag für keinen Misserfolg: *Hitlers politische Proklamation war geschickt, teilweise sogar richtig.* (156) Eine Nachgiebigkeit, die sicher das politische Engagement Golo Manns behinderte und es ihm schwer machte, sich aus der Deckung zu wagen.

Bei den abendlichen Einladungen, die seine Eltern im Sommer 1933 in Sanary-sur-Mer gaben, *wurde entweder politisiert, ein trostarmes sich Drehen immer im selben Kreis, oder vorgelesen. ... Da also wurde dem Zusammensein Sinn gegeben.* (157) Das Lesen machte also Sinn, weniger aber das Politisieren, eine Einschätzung, die Aldous Huxley offensichtlich teilte, der die Emigranten in seiner Biografie als einen ziemlich traurigen Verein beschrieb. (158) Eine Bewertung, die zu Golo Manns Unbekümmertheit bei der Machtübernahme passte: im

Gegensatz zu seinem Bruder Klaus erkannte er in den ersten Wochen die Gefahr nicht, er war auch stark im Alltäglichen verfangen, in Examensvorbereitungen und mit Exkursionen in seinem kleinen Cabriolet. Das sollte sich aber mit dem Konkordat zwischen dem Vatikan und Hitler-Deutschland schnell ändern, das ihn besonders aufschreckte und empörte, ganz abgesehen von der Parteienauflösung und der Justizmorde an Kommunisten. Zum Röhm-Putsch am 20. Juni 1934 äußerte er sich dann schon äußerst empört und skeptisch: *An der Behauptung einer Verschwörung des SA-Chefs Röhm sei kein wahres Wort,* meinte er spontan zu seinem Freund Pécaut. (159) Er glaubte damals, dass sich die Armee und Hitler für eine Zeit brauchten, dann aber das Militär die Oberhand gewinne: *Irrtum, immer wieder Irrtum,* das sah er später ein und notierte damals in seinem Tagebuch: *Die weite Welt ist noch immer unfähig, das, was in Deutschland vorgeht, zu verstehen; ihre Empörung entspricht dem Ungeheuerlichen noch bei weitem nicht; da liegt die Schuld des Auslandes. ... Prinzip der Tyrannei: man muss alle die töten, die zwar momentan nicht im mindesten gefährlich sind, dies aber noch einmal werden könnten.* (160) Bei der Saar-Abstimmung im Januar 1935 irrte er sich wieder, denn er hatte mit dem Sieg der Hitler-Gegner gerechnet: *Das Ergebnis war dann für ‚uns' niederschmetternd: 9% für den ‚Status quo',* den Verbleib bei Frankreich, *91 % für die ‚Heimkehr ins Reich'.* (161)
Nach den sowjetischen Schauprozessen und Morden der Jahre 1935/36 ergriff er endlich eine Initiative und erklärte gegenüber seinem Bruder Klaus: *Jedenfalls sind meine, immer noch lockeren Beziehungen zur KP, auch der französischen, die, weit entfernt, die Gelegenheit zu einer Befreiung von moskowitischer Sklaverei zu ergreifen, weiterhin den giftigen Stalin-Lügenschleim von sich gibt, hiermit abgebrochen.* (162) Vor seinem Vater verurteilte er heftig die Appeasement-Politik: *Was diese Leute tun, ist überhaupt keine Außenpolitik mehr. Sie denken an die Erhaltung des Friedens und weiter an gar nichts. Darum werden sie Deutschland alles, aber auch alles geben oder erlauben, worauf es Anspruch erhebt, und sei dieser noch so zweifelhaft; immer in der Hoffnung, dass es, endlich ganz zufrieden, dann auch Frieden halten wird.* (163) Eine Stellungnahme, die Thomas Mann dann für seinen Brief an den Dekan der Bonner Universität verwendete, den er nach Aberkennung des Doktor-Titels

nach Bonn schickte. (164) Seinem Freund Pierre Bertaux schrieb Golo Mann sogar zu der französischen Politik: *Wenn ein einzelner Mensch so dumm wäre wie Eure Politik in den letzten Jahren gewesen ist, so würde man ihn als Wunder auf den Jahrmärkten zeigen.* (165) Gemeint war die französische polarisierte Innenpolitik, die eine starke Außenpolitik verhinderte.

Aber: Trotz seines weiter geschärften Bewusstseins blieb es bei dieser teilweise eher kühlen Beobachtung der politischen Ereignisse und diesen zaghaften Ansätzen eines politischen Engagements. Im Grunde beteiligte sich Golo Mann weiter nicht am antifaschistischen Kampf, selbst das Wort „Antifaschist" mochte er nicht. Es war ihm *zu allgemein, zu vage.* (166) Er hatte – einmal abgesehen von seinem Charakter - seine Gründe, sich nicht zu beteiligen: Er hielt die Emigranten für Papiertiger, die *in ihren wechselnden Gastländern niemals gehört werden; man hält sie für ressentimentgeladen, für begierig, das Verlorene wieder zu gewinnen und, dies ohne jeden Zweifel, für ohnmächtig; während man im Lande ihres Ursprungs es mit den Mächtigen und nur mit ihnen zu tun hatte. Kurzum, ich hielt die politischen Anstrengungen der Emigranten im wesentlichen für illusionär, so damals, so später, als Ende 1937 in Paris der ‚Bund freiheitlicher Sozialisten', Präsident war Heinrich Mann, gegründet wurde.* (167) Die Volksfront war für ihn ein kraftloses *Traumunternehmen.* (168) Solange sich Deutschland nicht *von innen her* (169) veränderte, gab es in seinen Augen keine Chance. Auf die Emigranten von außen konnte man jedenfalls nicht zählen, zumal noch 1936 nach seiner Schätzung *neun von zehn Deutschen sein* (Hitlers) *Regime ehrlichen Herzens bejaht haben.* (170)

Den Emigranten fühlte er sich auch weiter nicht zugehörig. Der Grund: *Was ich kennenlernen wollte, war Frankreich: die gewaltige Vergangenheit nach allen Dimensionen, die beängstigende Gegenwart.* (171) Sein Sich-Zurücknehmen ging sogar soweit, dass er Gustav Gründgens Opportunismus tolerierte - ganz im Gegensatz zu der scharfen Verurteilung durch seinen Bruder Klaus: *Baur und Guitry setzten ihre Arbeit auch während des Krieges in Paris fort, was ihnen nachmals verübelt wurde, ich ihnen aber nicht verübeln kann, so wenig ich Gustav Gründgens verübeln konnte, dass er den Deutschen im Dritten Reich gutes Theater bot. Auch Sartre ließ ja*

seine ersten Dramen, ‚Les Mouches', ‚Huis Clos', im von den Deutschen besetzten Paris aufführen, was soviel ich weiß, niemand ihm nachtrug. (172) Eine Haltung des Alles-Verstehen-Wollens, bei der sich der Verdacht aufdrängt, dass Golo Mann damit sein eigenes Stillhalten vor sich selbst rechtfertigen wollte.
Nach Kriegsende schrieb er dann auch resigniert in seinen Memoiren: *Alles wäre verlaufen, wie es verlief, auch wenn es jene* (die Emigranten) *gar nicht gegeben hätte.* (173)
Aber immerhin: Im Frühsommer 1940 wollte Golo Mann doch aktiv werden und als Freiwilliger in die tschechische Legion in Frankreich, er besaß ja seit Herbst 1936 den tschechischen Pass, oder in die französische Armee eintreten oder sich als Kraftfahrer beim militärischen Hilfsdienst des Roten Kreuzes melden. Er wurde aber beim Grenzübertritt verhaftet und in Frankreich interniert. Bei seinem Naturell und Temperament ein bemerkenswerter Versuch der Einmischung.

Dass **Michael Mann** die Nazi-Katastrophe früh vorausahnte, ja sogar pünktlich auf die Machtübernahme als noch nicht ganz Vierzehnjähriger "kotzte" und sich über Hitler lustig machte, das geht aus seinem Briefwechsel mit seiner Mutter Katia hervor. (174) Er verbrachte die Zeit von 1933 bis 1938 im wesentlichen bei seinen Eltern in der Schweiz und besuchte das Konservatorium in Zürich, die Musik stand für ihn ganz im Vordergrund. Im Herbst 1937 war er wegen seines Geigenstudiums in Paris und führte *ein recht geregeltes und arbeitsames fast: Herrpapaleben.* (175) Dass die „Deutsche Kunstwoche" in Paris als einzige schon vor Beginn völlig ausverkauft war, empfand er als *widderlich,* wie er karikierend an Katia schrieb, und fuhr missbilligend fort: *Ich glaube, es herrscht hier jetzt überhaupt eine ziemlich prodeutsche Welle.* (176) Seine kritische Einstellung den Nazis gegenüber hatte sich weiter verschärft. Kurz vor Kriegsausbruch floh er mit seiner Frau Gret, die er am 6. März 1939 geheiratet hatte, über Belgien nach England. Seine Eltern drängten ihn dagegen, in die USA auszuwandern. Doch Michael Mann lehnte diesen Vorschlag spontan ab. Einmal wegen seiner Karriere als Geiger, er wollte sich nicht von seinem Lehrer trennen, aber auch wegen des schwierigen Verhältnisses zu seinem Elternhaus: *Aber* *muss man es denn doch aussprechen, wie problematisch und schwierig mein Verhältnis zu euch, seit jeher – zumindest aber seit einer großen Anzahl von Jahren war? Hat es denn der äußere Schein nicht schon oft genug deutlichst gezeigt, wie immer wieder vom neuen ungünstig der Einfluss war, welche jede Berührung mit euch auf Dauer auf mich ausübte. Zu unserem Papa stehe ich nicht weniger fremd als er zu mir, (wobei ich mir nicht die größere Schuld glaube zuschieben zu müssen); die sehr große Angst und Traurigkeit, Dich vielleicht für sehr lange Zeit nicht mehr zu sehn, der Wunsch in Princeton bei Dir zu sein, - ‚kann' nicht genügen, alles andere, was dagegen spricht zu kommen, zu überwiegen. Man kann doch nach diesem Gesichtspunkt nicht leben. ‚Besonders' ich nicht.* (177) Klare Worte, die zeigen, dass seine damaligen Umsiedlungspläne weniger politische als vor allem familiäre und berufliche Gründe hatten. Und dennoch muss man dem damals noch sehr jungen Mann, er war bei der Machtergreifung noch nicht vierzehn und bei Kriegsausbruch gerade zwanzig Jahre alt, ein politisches Bewusstsein bescheinigen. Ganz abgesehen von seinen späteren mutigen Protesten gegen Johnsons Amerika und den Vietnam-Krieg.

Wie gespannt sein Verhältnis zu seinem Vater war, zeigen viele Tagebucheintragungen Thomas Manns, aber besonders die Novelle „Unordnung und frühes Leid", in der ihn Thomas Mann als „Beißer" abkanzelte und die er als Kind gelesen hatte. Aufschlussreich ist auch die Anekdote, die seine Schwester Elisabeth erzählt hat: *Ja, das habe ich schon bemerkt,* (dass er bei seinem Vater nicht so gut wegkommt) *und es war mir gar nicht recht. ... Der Michael hat sich so vor dem Kruzifix gefürchtet, und zwar wann immer er irgendwo ein Kruzifix sah. Und mein Vater beschloss, das gehe nicht. So hat er ihm ein Kruzifix ans Kopfende seines Bettes genagelt. Über sein Bett! Und das fand ich dann doch sehr grausig.* (178)

Die Tischgespräche in seinem kalifornischen Eltern- und Großelternhaus sowie die Erzählungen seiner Onkel Klaus und Golo und seiner Tante Erika über ihren Kriegseinsatz lenkten **Frido Mann** bereits in seinen frühen Kindertagen auf politische Ereignisse, vor allem auf die Verbrechen der Nationalsozialisten. Das führte dahin, dass er jahrelang jeden Schurken auf der Kinoleinwand für einen bösen Deutschen hielt und ihn in seiner Phantasie Englisch mit deutschem Akzent sprechen ließ. (179) Der Schock bei seiner Ankunft in Rotterdam im März 1947 tat dann sein Übriges, zusammen mit seinen Erlebnissen in Österreich zwischen 1950 und 1952, das er als ein von Krieg und NS-Zeit gezeichnetes Land erlebte.

Julia Mann lebte in einer anderen Zeit, in einem ganz anderen historischen Kontext. Ihre Rollen als Frau eines Senators in Lübeck und als großbürgerliche Witwe in München ließen eigentlich keinen großen Spielraum für ein ausgeprägtes politisches Bewusstsein, geschweige denn für entsprechende Aktivitäten. Nichts desto trotz: Im 1. Weltkrieg entwickelte sie sich zu einer nationalen Patriotin, eine Überzeugung, die besonders deutlich in ihrem Brief an ihren Ältesten Heinrich wurde: *Noch eins, lieber Heinrich, verzeihe, wenn es Dir nicht lieb ist, daß ich noch mal auf den Krieg zurückkomme. Mir ist es aber immer traurig, daß Du Deutschland von je nicht Recht gibst. Du weißt doch, ‚wodurch' dieser Krieg, ganz gegen Deutschlands Willen entfacht wurde. ... Aber ich lasse nicht gelten, daß Du Deutschland die Schuld am Kriege gibst. ... Wo es nur seine ‚Bundestreue' halten wollte, wurde es in diesen furchtbaren Kampf getrieben. ... Versteh mich, mein Heinrich, und sprich nicht bös mit anderen Leuten über Deutschland!* (180) Woran lag das? Daran, dass sie – zumindest damals als ältere Frau - ganz einfach nicht das geistige Niveau der Familie Mann hatte? Dass Julia keine Intellektuelle war und nicht besonders geistreich, bestätigte Golo Mann jedenfalls mehrfach. (181) Aber natürlich muss diese Patrioten-Rolle im Rahmen der allgemeinen Kriegsbegeisterung gesehen werden, die ja selbst Thomas Mann damals teilte und mit seiner Forderung nach deutscher Führerschaft in der Welt schürte. (182) Der Grund lag also wohl eher in Julias damaliger Einsamkeit, die sie nach einem Gruppenerlebnis suchen ließ, das sie bei den Nationalisten und Kriegsbegeisterten fand.

V
Wir waren im Paradies – notgedrungen: (Ludwig Marcuse)
Adaptation der Manns in den Exilländern

Der Exilierte wurzelt im Ursprung, trägt seine geistige Heimat gleichsam wie Nägel an den Stiefeln, um auf dem Glatteis der Fremde nicht auszurutschen. (1) Wenn Monika Mann recht hat, dann kann der heimatliche Hintergrund die Orientierung im Exilland erleichtern. Das Festhalten an der alten Heimat kann aber auch das Gegenteil bewirken und die Anpassung an die neue äußerst problematisch machen. Besonders, wenn die alte Heimat wie im Falle Julia Manns als Eden, als idealer Ort erlebt wurde.

Julia lebte ihre ersten sieben Jahre in Paraty rund 250 Kilometer südlich von Rio de Janeiro. Das Hafenstädtchen boomte in jenen Zeiten: auf den Goldrausch im frühen 18. Jahrhundert folgte ab 1750 die Zuckerrohrschnaps-Produktion, die ab 1810 durch den Kaffeeanbau bereichert wurde. Die Kaffeeverschiffung spielte erst nach dem Bau der direkten Eisenbahnlinie zwischen dem Anbaugebiet, dem Vale Paraíba, und Rio de Janeiro ab 1855 keine große Rolle mehr.

Paraty liegt von der Sierra, der Küstenkordillere, sanft umarmt an einer Bay am Atlantik. In ihrer ausladenden Bucht flimmern in gleißendem Sonnenlicht zahlreiche bunt und üppig bewachsene Inseln mit weißen Sandstränden, die am Horizont mit dem Meer verschwimmen.

In Julias Kindheit lebten über 10.000 Menschen in Paraty, davon 29 Ausländer. Die Mehrzahl der 350.000 Deutschen, die damals schon nach Brasilien eingewandert waren, hatten sich im Süden niedergelassen und waren bis zur Ausrufung der „brasilidade", des brasilianischen Nationalismus, im Jahre 1937 unter dem Diktator Getulio Vargas hochangesehen und sehr willkommen.

Der brasilianische Kaiser Don Pedro II galt besonders in der Mitte des 19. Jahrhunderts als fähiger und äußerst gebildeter Monarch. Er wurde respektvoll auch „Oberlehrer der Nation" genannt. Er war

Ehrenmitglied der „Bayrischen Akademie der Wissenschaften" und der Berliner „Gesellschaft für Anthropologie, Ethnologie und Urgeschichte" und förderte Wagners Projekt in Bayreuth. Seine Regierungsjahre von 1831 bis 1889 waren relativ stabil und glücklich, wenn er auch einige Kriege führen musste und Probleme mit der Unterdrückung von Aufständen hatte. Die wachsende republikanische Bewegung in Brasilien und die kaiserliche Aufhebung der Sklaverei, die die Großgrundbesitzer der Krone entfremdeten, führten 1889 zu seinem Sturz. Ein Porträt von Johann Moritz Rugendas aus dem Jahre 1846 zeigt einen großen blonden, leicht idealisierten Kaiser mit graublauen Augen, und sein Foto von 1876 weist ihn als stattlichen, ernsten Mann mit wilhelminischem Vollbart und starkem Schnurrbart aus, eine Persönlichkeit, die Eindruck macht. Aus Julias Beschreibung und von Fotos wissen wir, dass ihr Vater dem Kaiser verblüffend ähnlich sah: Vater war *ein großer blondhaariger Deutscher, der schon mit 16 Jahren nach ‚drüben' gegangen war, um dort durch Handel mit Pflanzenerzeugnissen sich Vermögen zu erwerben.* Julia war *stolz auf ihren stattlichen ernsten Pai! Er flößte ihrem Kindergemüt ein großes Etwas ein, ein Gemisch von Ehrfurcht, Liebe und Bewunderung.* (2) Verständlich, dass er auf der Straße mit dem Kaiser verwechselt wurde. Und dass Julia an Brasilien hing!

Ihr wortkarger Vater (3) Johann Ludwig Bruhns (1821-1891), hatte zunächst als Kaffee- und Zuckerexporteur in Santos, dem Hafen von Sao Paulo, gearbeitet und später als Kaffeepflanzer und Besitzer von mehreren Zuckermühlen in Angra dos Reis und Paraty. Seinen Pionier- und Unternehmergeist bewies er bei seinem Versuch, den Tieté-Fluss im Norden von Sao Paulo schiffbar zu machen: *Großpapa hatte sich mit 5 Herren in Brazil zusammengetan,* schrieb Julia im Januar 1906 an ihren Sohn Heinrich, *er sollte als aktiver Direktor die Sache in Gang bringen. ... Vor ‚ihrer' Einschiffung ... in Hamburg hatte Großp. dort durch Geschäftsfreunde sich Dynamit zu verschaffen gewußt. ... Mittels dieses Dynamits hat er, mit seinen Schweizer Ingenieuren, die vielen Stromschnellen des Flusses gesprengt u. das Flussbett ... geebnet, so daß nach dreijähriger Arbeit das erste, von eben seinen Leuten zusammengesetzte, Schiff die Reise glücklich hin und zurück machen konnte.*(4)

Das Frauenbild ihres Vaters entsprach seiner Zeit: *Ich muß also glauben, daß Du anfängst, Dich um das praktische Hauswesen zu bekümmern. Die vollkommene Bildung eines jungen Mädchens besteht nicht allein im guten Musizieren, in der Sprachkenntnis und im Anzuge. Ein Mädchen, welches einmal selbständig zu werden wünscht, muß auch ein Haus ökonomisch zu leiten wissen, und der Ruf einer guten Haushälterin und praktischer Tätigkeitssinn nützt einem jungen Mädchen in den Augen der Welt mehr als der Ruf des gefälligen Äußeren und der Gabe, in der Öffentlichkeit zu glänzen. Nimm diese Worte von Deinem Vater mit Liebe auf.* (5) Und in dem Gratulationsbrief zu Julias Verlobung schrieb er seiner Tochter aus Brasilien: *In der Ehe, liebe Tochter, gibt es Sonnenschein und Stürme, aber letztere gehen um desto schneller vorüber, je mehr die Frau vernünftig ist und einen guten Charakter zeigt.* (6)

Johann Heinrich Bruhns heiratete 1847 „Senhorinha" Maria Luiza da Silva (1828 - 1856), die aus einer portugiesischstämmigen Großgrundbesitzer-Familie stammte, die bereits in der vierten Generation als reiche Pflanzer in Brasilien lebte. Ihr Porträt betont mit der geraden Nase, dem vollen Mund, den dunklen Augen und schwarzen Haaren den romanischen Typ und zeigt, dass sie schön war. (7) Doch nicht so hübsch wie in Wirklichkeit, das war jedenfalls die Meinung ihres Mannes, und Julia sowie ihr Jüngster Viktor bestätigten ihre Attraktivität. Maria Luiza starb 1856 mit 28 Jahren bei der Geburt ihres sechsten Kindes. Für die fünfjährige Julia ein schmerzlicher Verlust: *Trotzdem sie alle gut mit Dodo waren, beschlich doch immer aufs neue die Sehnsucht sie nach ihrer geliebten Mai, und sie wachte eines Nachts in Tränen auf, als sie merkte, daß sie ihr Händchen hoch in die Luft gestreckt hatte und es leer wieder zurückziehen mußte – denn sie hatte im Traum die Mai gesehen.* (8)

Die Familie da Silva Bruhns gehörte in Paraty zu der Oberschicht der Fazendeiros, der Großgrundbesitzer. Die städtischen Angestellten, die Händler und Handwerker bildeten die Mittelschicht, und vor der Stadt lebten die Ärmsten wie Fischer und Arbeiter. Erziehung und Bildung war der Elite vorbehalten, die ihre Schulzeit wie zum Beispiel die älteren Geschwister Julias in Internaten Rios verbrachten.

Die charakteristische Hausarchitektur war einheitlich vorgegeben: eng aneinandergereihte einstöckige Häuser mit großen Ladentüren an den Frontseiten. Die Familien wohnten in den hinteren Bereichen ihrer

Geschäfte und in den sich anschließenden Innenhöfen. Nur die wohlhabenderen Geschäftsleute verfügten über eine „Bel Étage" oder eigene separate Wohnhäuser. Beide Haustypen wurden häufig durch einen „Mirante" gekrönt, ein kleiner viereckiger Dachaufbau im Stil des Hauses, von dem aus der Schiffsverkehr und Wareneingang beobachtet und gelegentliche Piratenangriffe rechtzeitig erkannt werden konnten. Typisch waren auch die von blauen Rahmen eingefassten Kassettenfenster, sogenannte „Guillotine-Fenster", deren Unterteil nach oben verschiebbar war, und die blau eingefassten holzgeschnitzten Eingangstüren. Die äußerst schmalen Balkone vor den Flügeltüren der Salons im ersten Stock hatten häufig schmiedeeiserne Geländer mit Verzierungen in Ananasform, damals ein Symbol für Reichtum und Glück. Über den Balkonen waren ananasförmige Lampen aus Schmiedeeisen angebracht.

Der Fluss Pereque-Guasu begrenzte die Stadt im Norden und mündet dort noch heute in die Bucht. Über ihn führte auch damals schon eine große Brücke, auf der sich die Bevölkerung in der heißen Jahreszeit nach Sonnenuntergang versammelte, um den frischen Abendwind und die Mondnächte zu genießen.

Die schachbrettartig angelegten Straßen waren ungepflastert und verwandelten sich bei tropisch starken Regenfällen schnell in matschig-lehmige Sümpfe, stinkende Teiche oder reißende Bäche, durch die die Ochsenkarren rumpelten oder die berittenen Postboten reiten mussten. Die Abwasser wurden noch von Wasserträgern vor der Stadt ins Meer geschüttet. Kanalisation, Licht- und Wasserleitungen konnten erst viel später angelegt werden. Fieber- und Diarrhoe-Erkrankungen waren daher an der Tagesordnung und die Kindersterblichkeit hoch. Wilde Hundebanden durchstreiften besonders nachts die Stadt und raubten so manchem Bewohner mit ihrem Gekläff den Schlaf.

Probleme, von denen die Fazenda Boa Vista dank ihrer exponierten Strandlage auf der anderen Seite der Bucht von Paraty verschont war. Die Fazenda „Boa Vista" ist auch in dem charakteristischen portugiesischen Kolonialstil erbaut worden: die zweigeschossige Villa öffnet sich bis heute mit ihren blau eingefassten Fenstertüren und der „Bel Étage" der Bucht und dem Ort auf der gegenüberliegenden Seite. Im Untergeschoss, zu dem eine relativ breite Holztreppe führte, befand sich in Julias Zeiten eine Zuckerrohrschnaps-Brennerei: *Pai ließ eine große Mühle betreiben, durch welche Zuckerrohr gepresst wurde; diese Mühle bestand aus drei oder vier großen Balken, welche von Pferden gedreht wurden. Die Mühle befand sich unterhalb der Wohnräume, in welche einmal eines der Pferde fröhlich über die Treppe hinaufsprang und Dodo heftig erschreckte.* (9) Eine glückliche Welt, das war Paraty für Julia. Dass der schmale Balkon vor dem Salon der Fazenda „Boa Vista" nur ein Holzgeländer hatte und ganz ohne die üblichen schmiedeeisernen symbolhaften Ananasformen auskam, mag ein Zeichen dafür sein, dass das dort bestehende Glück keine Bekenntnisse benötigte.

Fotos oder Gemälde von Julia aus ihrer Kindheit existieren nicht. Sie machte aber in ihren Lebenserinnerungen einige Andeutungen über ihr Aussehen: Sie hatte, *gleich dem Pai, blondes und leicht gelocktes Haar. ... Ihre schwarze Amme hatte viel Freude an dem Haar der Kleinen; sie wickelte es in Papilloten, um nach ihrem Geschmack recht krause Locken zu erzielen. ... mit der Zeit aber sind sie von selber bis zum Tiefbraun nachgedunkelt.* (10) Für Thomas Mann war seine Mutter *außerordentlich schön, von unverkennbar spanischer Turnüre – gewisse Merkmale der Rasse, des Habitus habe ich später bei berühmten Tänzerinnen wiedergefunden – mit dem Elfenbeinteint des Südens, einer edelgeschnittenen Nase und dem reizendsten Munde, der mir vorgekommen. ... Das Mecklenburger Platt nahm sich überraschend genug aus in ihrem exotischen Munde.* (11) Katia Mann erwähnte in ihren Memoiren Julias *sehr gut geschnittene Züge, einen südländischen Typus, halb brasilianisch; auch ihre Mutter, die jung gestorben ist, muss sehr schön gewesen sein.* (12) Julias exotische Ausstrahlung scheint stark genug gewesen zu sein, um sie später im nordischen Lübeck als *fremden Vogel* (13) zu empfinden. Mehr als ein romanischer Schattenriss lässt sich aber von der Julia aus den brasilianischen Jahren nicht mehr zeichnen.

Julia *lief im Hemdchen, das durch einen Gürtel gehalten wurde,* in dem Fazenda-Garten *barfuß umher; einmal vorn hinaus an den Meeresstrand, um von den mächtigen Steinen die Muscheln und kleinen Austern zu lösen, die sie zum Rösten ins Haus an den Herd brachte; dann wieder hinter das Haus an den Rand des Urwaldes, wo sie herabgefallene Kokosnüsse und Bananen sammelte. ... wie herrlich, wenn sie an der anderen Seite des Hauses auf dem Bache in einer Art Waschzuber Kahn fuhr, wie so schön und ernst die schwarzgrau gefiederten und krummgeschnäbelten Urubu auf den Büschen am Bachesrand saßen und hoheitsvoll auf Dodo schauten, wenn sie an ihnen vorüberfuhr.* (14) Zu dieser lebhaften, unbekümmerten und lebensfrohen Julia, die an der Welt interessiert war und sie sich eroberte, passt ihre Selbstcharakterisierung als kleine freiheitsliebende Person, die öfter über die Stränge schlug und Thomas Manns Erwähnung ihrer Fröhlichkeit. (15)

Dass die Adaptation an das Exilland bei so einem ‚Hintergrund' schwer wird, dass die heimatlichen *Nägel an den Stiefeln* eher hinderlich sind und nicht, wie Monika Mann meinte, über das *Glatteis der Fremde* führen, zeigen Julias fliehendes Lebensgefühl und ihr fluchtartiger Wohnungswechsel am Ende ihres Lebens im Münchener Raum, für den freilich auch weitere Gründe ausschlaggebend waren.

Der Literaturkritiker und Autor Alfred Kerr notierte während seines Londoner Exils in seinem Gedicht „Auswanderergespräch": (16)

Wann endet das? Für uns Verbannte
Hat ‚rasten', ‚wurzeln' wenig Sinn:
Wir müssen fort ins Unbekannte,
Kein milder Seher sagt wohin

In seiner Endlosig- und Wurzellosigkeit ist das Exil hier bedrohend. Nicht für Stefan Zweig, der - allerdings vor seinem Exil im Jahre 1929 - notierte: *Hat schon jemand den Hymnus des Exils gedichtet, dieser schicksalsschöpferischen Macht, die im Sturz den Menschen erhöht, im harten Zwange der Einsamkeit neu und in anderer Ordnung die erschütterten Kräfte der Seele sammelt? ... Der schöpferische Genius, er vor allem, braucht diese zeitweilig erzwungene Einsamkeit, um von der Tiefe der Verzweiflung, von der Ferne des Ausgestoßenseins den Horizont und die Höhe seiner wahren Aufgabe zu ermessen.* (17) Zwei gegensätzliche Auffassungen, Zweig bekannte sich dann im Februar 1942 mit seinem Selbstmord zu der ersten. Und bei den Manns, wie verlief in dieser Familie die Anpassung an das Exil?

Heinrich Mann hat seinen achtjährigen Aufenthalt in Frankreich nicht als Exil empfunden: *Nach Frankreich war ich seit 1907 immer häufiger gekommen. 1923 hatte ich angefangen, für die Verständigung zu arbeiten. Wenn man weiß, dass der Eine sich verständigen will, während der Andere Rache brütet, ist das ein schwieriges Geschäft, - Kampf habe ich es nie genannt. ... Die 8 Jahre meines ‚Exils' in Frankreich waren ein etwas ausgedehnter Aufenthalt in einem Land, wo ich ohnehin meine Gewohnheiten, auch Freunde und einen besten Freund hatte. Felix Bertaux hat ein 'Panorama de la Littérature allmenande' verfasst, darin steht über mich, und über Andere, das Beste, was je gesagt wurde. ... Mir hat Frankreich mein Leben lang Gutes gegeben. Ich liebe es als geschichtliche Erscheinung bis in seine vorletzten Tage.* (18) Eine Liebeserklärung, die so ganz gegen den Trend in Deutschland ging, das Frankreich nach dem 1. Weltkrieg weiter als Feind ansah: Schilder „An Franzosen wird nicht verkauft" waren Anfang der zwanziger Jahre in Münchener Läden keine Seltenheit, die „unverdiente" Niederlage saß noch zu tief: *Den Hass fand ich in Frankreich nie. Er ist mir im Deutschland der Republik auf Schritt und Tritt begegnet. Jedes Wohlwollen für das andere Land hat den deutschen Hass beleidigt, es wollte ihm Abbruch tun,* schrieb Heinrich Mann später in seinen Memoiren. (19) Dass seine Frankreich-Vorliebe Ende der dreißiger Jahre getrübt wurde, lag an der Fremdenfeindlichkeit und Spionagehysterie, die sich dort ab 1938 entwickelt hatte.

Und die Gründe für diese acht geglückten Jahre in Frankreich (20) - einmal abgesehen von seinen häufigen Frankreichbesuchen und seinen dortigen Freunden? Bestimmend waren ganz sicher seine deutsch-französische Bildung, seine französischen Sprachkenntnisse und seine Akzeptanz in dem Land: Auf der französischen Kolonialausstellung 1931 hatte ihn der Pariser Bürgermeister freundlich begrüßt: *C'est vous l'auteur de l'Ange bleue!* Eine Aufmerksamkeit, die Heinrich Mann für den *Gipfel des Ruhmes* hielt. (21) Aber sein Ansehen war tiefer verankert: *Einen Deutschen, der sie vor den Machthabern seines Landes immer gewarnt hatte, anerkannten sie und ließen ihm seine Meinung. Es tat wohl, und es machte traurig. Ich hatte keinen Erfolg gehabt – da dennoch Krieg war. Aber sie dankten mir, obwohl verspätet, und wollten mich hören, als nichts zu sagen blieb.* (22) Ausschlaggebend für dieses *gute Glück* (23) waren aber sicher seine Aktivitäten im französischen „Exil", allen voran die Abfassung seines „Henri IV", den er damals geschrieben hat: *Das ist nun ein Aufenthalt, ironisch Exil benannt, in dem Königreich seines Henri. Auf seiner Spur* lernte Heinrich Mann *es von Grund auf verstehen.* (24) Kein Wunder, denn Heinrich IV galt als eine der glänzendsten Persönlichkeiten der Geschichte Frankreichs, dessen Mythos nach Klaus Harpprecht in Frankreich dem von John F. Kennedy in den Staaten und der Welt entspricht. (25) Er bescherte Frankreich bis zu seiner Ermordung 1610 eine Ära des Friedens und das nach den langjährigen Religions-Kriegen. Das Edikt von Nantes sicherte den Protestanten Glaubensfreiheit und weitere Rechte und wurde zum Monument der Toleranz. Dass Heinrich IV sechsundfünfzig Mätressen hatte und die Betten der Damen lieber eroberte als feindliche Bastionen, wird Heinrich Mann endgültig überzeugt haben. Sein „Henri IV" wurde das große Buch seiner Emigrationsjahre, in denen die entsprechenden Erfahrungen verarbeitet wurden.

Wichtig waren für ihn auch seine „Volksfront"-Aktivitäten, die ihn zu einem Mittler zwischen den Parteien machten und ihn in Kontakt mit den deutschen Arbeitern im Untergrund brachten.

Keine unwesentliche Rolle hatte sicher auch das Milieu in Heinrichs Domizil in Nizza gespielt, das Klaus Mann nach den Worten seines Bruders Golo so beschrieb: *Die Wohnung würdig, die Lübecker Lebensgefährtin zwar dem Trunke hold, aber bereit, dem Dichter seine Lieblingsspeisen zu bereiten, zu denen vor allem die französische Zwiebelsuppe gehörte. Auch machte das Paar Sommerreisen, im Bus, in die französischen Alpen.* (26) Die Zuneigung zu seiner Frau war groß, wie sein Kommentar zu ihrer nachträglichen Ankunft an der Riviera zeigte: *Eines Tages im Jahr 33 war ich es* (glücklich). *Die Tür meiner Sommerwohnung in Bandol am Meer, nahe Toulon, geht auf, meine Frau tritt ein. Sie war mir in das fremde Exil gefolgt, für sie war es mehr Exil, mehr Fremde als für mich. Sie hatte ihre Sicherheit aufgegeben, zu Hause wäre sie sicher gewesen. Sie hatte, der Gefahr ungeachtet, Umwege durch Europa gemacht. Sie hatte zu mir hingefunden, sie stand vor mir. Es ist das höchste Zeichen menschlicher Anhänglichkeit, das ich jemals empfangen habe. ... Es war in voller Wahrheit das Glück.* (27) Auch seine stabile finanzielle Situation, die Tantiemen kamen aus Frankreich und Europa, zusammen mit der leichteren Lebensart des Landes trugen zum Wohlfühlen bei. Da konnte er schon mal die zufällige Begegnung in Nizza mit Hermann Göring verschmerzen: *1938 zeigte sich an meinem Wohnort Nice, Alpes maritimes, ein deutscher Aufzug hoher Herrschaften. ... Es war der bekannte Reichsmarschall mit großem Gefolge. ... Zweck der Reise Prestige und Dreistigkeit.* (28) Verständlich, dass ihm sein Exilland und dessen Sprache gefallen haben, wenn er auch die Probleme nicht vergessen konnte: *Das Deutsche ist – auf wie lange – tot. Wir müssen übersetzt werden, wenn man uns lesen soll.* (29)

Den Abschied von Frankreich empfand er dann auch als ungemein leidvoll: *1940 wurde mir der Abschied schwer – auch von Deutschland, das mir seit dem 21. Februar 33 aus dem Auge, nicht aus dem Sinn gekommen war. Unmittelbar schmerzte der Abschied von Frankreich: es war nunmehr das ganze Europa geworden. Außerhalb Frankreichs, kein Fußbreit, um mich noch zu halten. Verloren das heimatliche Europa.* (30) Und das trotz der sich ab 1938 entwickelnden fremdenfeindlichen Haltung Frankreichs, als die ersten Schatten der Weltkrise über das Land fielen. Am 24.September 1939 lobte die Zeitung „Je dis tout" aus Toulon zum Beispiel die Jagd auf unerwünschte Ausländer. Und „Le Petit Var" rechtfertigte am 23.Mai 1940 die Internierungen mit den Zwängen der nationalen Sicherheit. (31) „Le Soleil" vom 7. Januar 1941 hetzte gegen die zum Krieg antreibenden Emigranten , insbesondere gegen Heinrich Mann. (32) "Les Milles", südlich von Aix-en-Provence, war eines von rund hundert Sammellagern, die ab September 1939 für feindliche Ausländer eingerichtet wurden. Am berüchtigsten waren „Les Milles", „Gurs" und „Le Vernet". Die Internierungen begannen mit Kriegsbeginn und wurden nach dem deutschen Überfall auf Frankreich am 10. Mai 1940 verstärkt. Lion Feuchtwanger war zum Beispiel vom 23. September 1939 bis 4. Oktober 1939 und wieder im Mai des Folgejahres in „Les Milles", seine Frau Marta kam nach „Gurs". Ihm gelang in einem Taxi, als alte Frau verkleidet, eine tollkühne Flucht aus „Les Milles". (33) Theodor Wolf, Journalist und ausgewiesener Mittler zwischen Deutschland und Frankreich, stellte

bitter fest, dass Frankreich die das Land liebenden Emigranten kalt abstoße und tief verletze. (34)
Heinrich Mann musste auf seinem Weg in das amerikanische Exil zusammen mit seiner Frau Nelly, mit Golo Mann und den Ehepaaren Werfel und Feuchtwanger heimlich aus Südfrankreich über die Pyrenäen fliehen. Alma Mahler-Werfel beschrieb in ihren Lebenserinnerungen die dramatische Flucht über die steinigen, sich steil aufwärts windendenden Pfade, die selbst die Ziegen stolpern ließen. Die schmalen, häufig spiegelglatten Wege führten an tiefen Abgründen vorbei und ließen keine Unachtsamkeit zu. Festhalten konnte man sich nur an den Disteln, wenn man ausrutschte. (35) Und Heinrich Mann kommentierte: *...ich fiel recht oft auf die Dornen. In die Füße drangen sie ohnedies, fehlte noch mit den Händen hineinzugreifen. Mehrmals unterstützte mein Neffe mich, dann überließ er es meiner Frau, die an sich selbst genug gehabt hätte.* (36) Über die Schiffspassage bemerkte Alma Mahler-Werfel wenig freundlich, dass Heinrich Mann häufig in seiner Kabine blieb, weil er seekrank war und mit der Welt haderte. Das hinderte ihn aber nicht, im Bett barocke nackte Weiber mit vollen Busen zu zeichnen, (37) Zeichnungen, die Jahrzehnte später wiederentdeckt und im Steidl-Verlag veröffentlicht worden sind. (38)

Über die Ankunft von Heinrich Mann in New York notierte Klaus Mann am 13. und 19. Oktober 1940 in seinem Tagebuch: *Heute früh, die Ankunft der ‚Nea Hellas' mit Heinrich und Golo, samt Nelly Kröger. ... Ach wie alt er ist – wie erloschen! Die nervösen Spannungen des Pippo Spano – die Bosheit Unrats: - wohin? Es ist schon, wie le vieux Gide es sagt: ‚Alte Leute sind zu nicht viel nutze.'*
Wie wahr, Klaus Mann nahm hier wieder einmal prophetisch die Zukunft vorweg, diesmal die seines Onkels in den USA. Und Thomas Mann erwies sich gleich zu Anfang als nicht besonders großzügig. Jedenfalls teilte er seinem Bruder Heinrich am 25. Februar 1941 mit: *Dass ich es* (das Affidavit, die Bürgschaft) *Dir gebe, ist selbstverständlich, wenn ich auch fürchten muss, meinen Credit damit schon etwas zu überziehen, denn außer für 3 Kinder haben wir schon für mehrere andere Einwanderer gebürgt. ... das Affidavit kann nicht auch für Nelly gelten. Das muss getrennt werden. Nelly hat Verwandte*

in Amerika, die die Nächsten dazu sind und sich nicht weigern werden. (39)

Dass in den USA das wirkliche Exil beginnen würde, das ahnte Heinrich Mann bereits kurz vor seiner Flucht aus Frankreich Mitte 1940. *Wie habe ich mir Amerika anders gedacht!* vertraute seine Frau Nelly einer Freundin bereits knapp ein Jahr nach ihrer Ankunft an: *Uns geht es einfach schlecht. ... Jetzt ist es uns nicht möglich, das Essen für Morgen zu beschaffen*, stöhnte sie weiter. (40) Ihrem Mann wurde deutlich, dass er nicht mehr viel galt, *indessen gar nichts hier, wo gerade mein Fuß hintritt.* (41) Zum Teil war das Heinrich Mann selber schuld: Seine Eindrücke über das Land waren bei der Ankunft *belanglos*. (42). Er begriff die Amerikaner nicht und kannte sie nicht, sprach noch nicht einmal Englisch und lernte es auch nicht. Als Schriftsteller blieb er unbekannt. Keines seiner in den USA entstandenen vier Werke, „Lidice", „Empfang bei der Welt", „Der Atem" und vor allem seine Memoiren „Ein Zeitalter wird besichtigt", erschien damals in Amerika. Lediglich „Prof. Unrat" und der „Unteran" wurden relativ spät in den USA verlegt, aber trotz guter Besprechungen, die „New York Times" verglich ihn mit Tolstoi, schlecht verkauft. (43) Ein Zustand, der bis an sein Lebensende anhalten sollte. Amerika kannte ihn fast so wenig wie er es kannte, das war ihm kurz vor seinem Tod völlig klar. (44)

Mit ausschlaggebend für seine Misere war natürlich seine finanzielle Situation: Sein Bruder Thomas hatte ihm und anderen Neuankömmlingen als Überbrückung für ein Jahr einen Vertrag mit der amerikanischen Filmgesellschaft „Warner Brothers" besorgt. Von November 1940 bis Oktober 1941 erschien er an Wochentagen pünktlich um 10.00 in seinem kleinen Office bei den Filmstudios. Aber: Von seinen Drehbüchern und Ideen wurde nichts realisiert. Seine Themen waren einfach zu europalastig und „Warner Brothers" bewertete deshalb seine Romane als ungeeignet für das amerikanische Kino. (45) Nach einem Jahr wurde sein Vertrag nicht verlängert, er musste sich arbeitslos melden und erhielt drei Monate lang achtzehn Dollar pro Woche Arbeitslosenunterstützung. Davon konnte er ebenso wenig leben wie von seinen Moskauer Tantiemen oder dem Zuverdienst von Nelly, die als Krankenschwester in einer Klinik arbeitete und hundert Dollar pro Monat verdiente. Der „European

Film Fund", zu deren Mitgliedern Vicki Baum, Marlene Dietrich, Ernst Lubitsch, Thomas Mann und Lion Feuchtwanger gehörten, unterstützten Heinrich und seine Frau. Sie lebten eingeschränkt in einer kleinen Mietwohnung in Los Angeles. Zeitweise half ein monatlicher Scheck seines Bruders. Als antifaschistischer Lecturer – wie Erika oder in geringerem Umfang Klaus – konnte er ohne Englischkenntnisse nichts bewirken. *In solch einer Situation war ich noch nieeeeeee,* fasste Nelly die Situation zusammen, (46) und Heinrich hoffte skeptisch auf sein „Zeitalter wird besichtigt": *Es ist, wenn ich richtig vermute, unwiderstehlich – was die Leute nicht hindern wird, die Versuchung, es zu lesen, von der Hand zu weisen.* (47)

Das „Committee of Unamerican Activities" unter Senator Joseph R. McCarthy hatte bereits damit begonnen, den öffentlichen Hass gegen Kommunisten zu schüren. Dabei war auch Heinrich Mann bereits Anfang 1941 ins Visier geraten: *Schon bin ich anonym angerufen worden: ich hätte sofort das Land zu verlassen. Telefon und Haus stehen jetzt unter Polizeiaufsicht.* (48)

Und die Probleme mit seiner Frau Nelly nahmen weiter ihren Lauf: *Es war eine Tragödie. Sie war ja Alkoholikerin, und dann sind immer furchtbare Sachen passiert. Autounfälle. Und dann ist ihr der Führerschein abgenommen worden, doch sie ist trotzdem gefahren,* beschrieb Konrad Kellen, Thomas Manns langjähriger Sekretär, ihr Verhalten, (49) eine Haltung, die in die Tragödie, in ihren Selbstmord führen musste: Am 17. Dezember 1944 nahm sie mit sechsundvierzig Jahren eine Überdosis Schlaftabletten.

Und Heinrich Mann erstarrte zu einer verlassenen und weltentfremdeten „Edward Hopper-Figur", jedenfalls nahm ihn damals Hermann Kesten so bei seinem Besuch wahr: Ihn überwältigte in der menschenleeren Wohnung des Witwers ein Gefühl von kalter Einsamkeit, Heinrich Mann wirkte auf ihn wie ein zufälliger melancholischer Gast in seiner eigenen Wohnung – und das mitten in dem blühenden für die meisten Menschen lächelnden Kalifornien. (50) Heinrich Mann erwartete nichts mehr vom Leben: Dass er keine Hoffnung mehr hatte und sehr vereinsamt war, das schrieb er an seinen Neffen Klaus (51) und vertraute seinem Freund Félix Bertaux an, dass er eigentlich nur noch halb lebe und das in einem sich ständig verdichtenden Schatten. Seine Frau Nelly hatte ihm alles bedeutet. (52)

Sein Bruder Thomas meinte dagegen, es sei besser so ohne Nelly und schrieb an seine Freundin Agnes E. Meyer: *Mein Bruder, der (zum Glück) seine Frau verloren hat, wird jetzt für einige Wochen zu uns ziehen. Es war hohe Zeit, dass dieses Bündnis durch den Tod gelöst wurde. Es war ruinös, und wir haben viel zu sanieren.* (53) Und wie katastrophal die finanzielle Lage Heinrichs damals war, notierte sein Bruder am 20. Dezember 1944 in seinem Tagebuch: *Er bekam Geld zum Auslösen seiner verpfändeten Möbel, Wein, Lebensmittel, ein Exemplar von „Das Gesetz" zum Weihnachtsgeschenk. Er besitzt nicht einen Cent.*

Heinrich Mann verließ kaum noch seine Wohnung, stattdessen produzierte er erotische Zeichnungen, die Thomas Mann mit Abscheu betrachtete, wie aus seiner Tagebucheintragung vom 12. März 1950 hervorgeht: *K. berichtet von dem Fund einer Menge obszöner Zeichnungen in des Verstorbenen Schreibtisch. Die Nurse wusste davon, dass er jeden Tag gezeichnet hat, dicke nackte Weiber. Das Sexuelle in seiner Problematik bei uns Geschwistern, Lula, Carla, Heinrich und mir. Vikko scheint simpel gewesen zu sein, freilich seine Frau reichlich betrogen zu haben.* Sicher ein vorschnelles und oberflächliches Urteil. Denn: Neben die Varieté- und Bordellszenen, die Heinrich Manns Frauenwunschbild entsprachen, traten die politischen und satirischen Zeichnungen der Serien „Greuelmärchen" und „Hitler-Mädel Hilda", die sich mit Hitler und seinem Regime auseinandersetzten. In den „Greuelmärchen" thematisierte Heinrich Mann den Waffenstillstand vom 22. Juni 1940. Das Blatt zeigt Hitler tanzend auf einer Landkarte, die Frankreich abbildet. Die „Anfänge eines Führers", „Der Lebensraum", „Blitzartiger Überfall", „Urteil des Volksgerichtes", „Kriegserklärung" und „Ende eines Führers" sind weitere Blätter dieses Zyklus. Das Thema der Konzentrationslager und des Massenmordes kommt wohl in dem Blatt „Menschenschlächterei" vor, das die grausame Behandlung von Personen durch die Nazis mit der Arbeit in einer Schlachterei vergleicht. Die „literarischen Zyklen" beschäftigen sich mit der europäischen Geistesgeschichte wie der „Voltaire-Zyklus". Im Stil erinnern die Zeichnungen an Georg Grosz, Otto Dix und Rudolf Schlichter. Dass die abgebildeten Menschen keinen glücklichen Eindruck machen, ist allen Zeichnungen gemeinsam: es gab einfach nichts zu lachen.

Für Viktor Mann handelte es sich um reich ausgemalte Zeichnungen aus dem bürgerlichen Leben. (54) Man reibt sich bei dem Reigen nackter, dicker Weiber verwundert die Augen über diese Einschätzung. So bigott war sein ältester Bruder Heinrich aber nicht. Im Spätsommer 1891 schrieb er an seinen Freund Ludwig Ewers, er habe eine Prostituierte getroffen, die mit ihren üppigen Kurven seinem Ideal von weiblichen Körperformen ganz entspreche. Er überbewertete damals den sexuellen Akt. (55)

Trotz des weiteren Absturzes nach dem Tod seiner Frau gab es für Heinrich Mann am Ende seines Lebens auch einige Lichtblicke: Die erste Ausgabe seines „Zeitalters" erschien im März 1946 in Stockholm in einer kleinen Auflage und 1947 im „Aufbauverlag" in zwei Auflagen mit je 20.000 Exemplaren. Max Tau vom „Neuen Verlag"/Stockholm gratulierte ihm im Juni 1945 zum „Zeitalter" und hob hervor, dass das Buch mit seiner Werteorientierung den Lesern eine Handlungsrichtschnur und ein Vorbild biete. Und die „Deutsche Akademie der Künste" in Ostberlin berief ihn zu ihrem Präsidenten. Immerhin eine Anerkennung, wenn er auch lange mit der Annahme zögerte und dann kurz vor Antritt der Präsidentschaft starb.

Lion Feuchtwanger fasste in seiner Grabrede auf Heinrich Mann dessen siebzehnjähriges Exilschicksal in Frankreich und den USA treffend zusammen und betonte, dass er Frankreich geliebt, sich aber in den USA nicht wohlgefühlt hatte, vereinsamt war und sich an die fremde Sprache nicht gewöhnen konnte. Und vor allem, dass ihm seine Heimat fremd geworden war. (56) Seine jüngste Schwester Elisabeth urteilte skeptischer über die amerikanischen Jahre: *Es war halt psychologisch ein jämmerliches Dasein. Er hat nie die Sprache gelernt, er hat niemals amerikanische Freunde gehabt. Niemand hat ihn gekannt, seine Sachen wurden nicht gelesen, wurden nicht übersetzt. ... Das war schon sehr traurig.* (57) Und Golo war sich sicher, dass sein Onkel in Amerika nicht zurecht kommen konnte; er war ganz einfach zu deutsch, zu französisch und europäisch und zu eigenwillig. (58)

Kaiser, der war **Thomas Mann** in den Amerikajahren nicht nur für seine langjährige kalifornische Sekretärin Hilde Kahn-Reach, sondern auch für Ludwig Marcuse. (59) Verständlich, denn viele Amerikaner sahen in ihm den bedeutendsten Schriftsteller der Welt. (60) Und seine

Frau Katia bezeichnete sich als sein Anhängsel. (61) Wenn sich Katia am Telefon mit „Mann" meldete, dann musste sie oft mit „Nein, Nein, Katia Mann" die Anrufer korrigieren, die wegen ihrer tiefen Stimme glaubten, sie hätten Thomas Mann am Apparat. (62) Ihre Tochter Monika sah das Verhältnis ihrer Eltern so: *Es wohnt etwas Ungestümes, eine Urkraft in ihr, die sie ihrer Gattin- und Muttermission opfert: ... wenn sie im Vortrag von Papa sitzt – repräsentative Dichtersgattin, in der ersten Reihe – möchte sie eigentlich in die Erde versinken und mit Erdheinzeln irgendwelchen Schabernack treiben. Wie scheinen Sein und Wollen hier heimlich und koboldhaft auseinanderzugehen: Doch letzten Endes kann niemand gegen seinen Willen fünfzig Jahre lang etwas so vollendet sein, was er nicht ist, und so hat meine Mutter letzten Endes ‚das' Leben gewollt.* (63) Und der Rest der Familie stand mehr oder weniger im Schatten des „Zauberers".

Wie sah Thomas Mann sich selbst? Wie ist sein Adaptationsprozess im Exil von Bandol über Sanary-sur-Mer, die Schweiz bis in die USA, bis nach Princeton und Kalifornien, verlaufen? Nach dem Reichstagsbrand am 27. Februar 1933 schrieb er: *Ich bin ein viel zu guter Deutscher, mit den Kultur-Überlieferungen und der Sprache meines Landes viel zu eng verbunden, als dass nicht der Gedanke eines jahrelangen oder lebenslänglichen Exils eine sehr schwere, verhängnisvolle Bedeutung für mich haben müsste.* (64) Eine Einschätzung, die er im April 1933 in einem Brief an Albert Einstein präzisierte und zuspitzte: Das Exil, vor allem eine langjährige Verbannung, passe nicht zu seiner Psyche und er sei vor dem Hintergrund seiner repräsentativen Stellung nicht zum Märtyrer geschaffen. (65) Fünf Jahre später notierte er selbstbewusst, seine Arbeit sei seine Heimat, und wo er sich aufhalte sei Deutschland. (66) Zwischen diesen beiden Polen scheint Thomas Mann während seines Exils geschwankt zu haben.

Der Start in Bandol im Frühsommer 1933 missglückte: *Aber ich finde in diesem Kulturgebiet alles schäbig, wackelig, unkomfortabel und unter meinem Lebensniveau,* protokollierte er in seinem Tagebuch am 10. Mai 1933. Dazu kamen seine schweren Befürchtungen um den möglichen Verlust seiner Tagebücher, die die Nazis beschlagnahmt hatten. *Da werden schon sehr persönliche Sachen dringestanden haben, von denen er nicht wollte, dass sie in irgendwelche Hände kämen. Er hat sie ja dann verbrannt,* kommentierte Elisabeth Mann später. (67)

Vom 6. Juni 1933 bis in den September diesen Jahres zogen die Manns dann nach Sanary-sur-Mer, das damals wegen der dort versammelten Exil-Künstler häufig „Sanary-des-Allemands" genannt wurde. (68) *Hier gehörst du hin, das ist deine Welt,* sagte sich Lion Feuchtwanger in seinem Rückblick auf seine Jahre in Frankreich über diesen Ort. (69) Und Ludwig Marcuse vergaß an den guten Tagen, dass er dort nicht geboren war, (70) Für René Schickele lag ein göttlicher Mimosenduft über Sanary. (71) Die Mischung aus Intellektuellen und der einheimischen Bevölkerung machte sicher den Reiz der Kleinstadt aus. Natürlich auch die bewaldeten Hügel, die vor dem Mistral schützten, und das intensive Licht, das viele Maler an diese Küste gelockt hatte, wie zum Beispiel Matisse, Derain, Braque, Seurat oder Picasso. Erika und Klaus Mann rühmten in ihrem gemeinsamen „Buch von der Riviera" mit Zeichnungen von Henri Matisse die *lichtgesättigte Atmosphäre* und *die Kraft dieser zugleich beruhigend sanften und bunten Landschaft, konzentrierend zu wirken, wenn man Konzentration und produktive Sammlung sucht. ... Sanary scheint zunächst durchaus das freundliche und intime Hafenstädtchen, wie es deren viele an der Riviera gibt. ... In Wahrheit hat es aber seine eigene Bewandtnis mit Sanary, denn seit einigen Jahren ist es die erklärte Sommerfrische des Café du Dome, der sommerliche Treffpunkt der pariserisch-berlinisch-schwabingerischen Malerwelt, der angelsächsischen Bohème. Diese Sanary-Sommer werden in die Kunstgeschichte eingehen (und vielleicht auch in die chronique scandaleuse der großen europäischen Bohème).* (72)

Und Thomas Mann, wie kam er an diesem magischen Ort zurecht, konnte er hier nach seiner Emigration, also bedrückt durch die Trennung von Deutschland, weiterleben? Das fragte sich jedenfalls René Schickele. (73) Nach den Tagebuch-Eintragungen von Thomas Mann vom 12. Juni 1933 war er damals zuversichtlich: *Wir sind in unserem hübschen, kultiviert wohnlichen Hause, und schon schreibe ich diese Zeilen nach persönlich fast vollkommener Installierung in meinem sympathischen Arbeitszimmer. ... Ich glaube, dass wir in diesem Haus glücklich sein werden.* Er führte damals die Leseabende

ein, die ihm neben seinem Tagebuch Trost und Hilfe gaben: *Das Vorlesen versetzte mich in normale Zeiten u. tat mir seelisch gut, indem es mich ... die Möglichkeit einer wiederhergestellten und in sich ruhenden Existenz erblicken ließ,* vertraute er am 10. Juni 1933 seinem Tagebuch an. Da störte auch das immer noch distanzierte Verhältnis zu seinem Bruder, von dessen Frau einmal abgesehen, nicht. René Schickele beobachtete, dass die Brüder Mann öfter aneinander vorbeiredeten, interessanter Weise besonders dann, wenn sie sich zustimmten, und vor allem, dass sich Nelly Kröger heftig langweilte, da sie den Gesprächen häufig nicht folgen konnte. Sie fühlte sich daher weitgehend ausgeschlossen und zeigte das auch. (74) Aldous Huxley kommentierte die Leseabende eher bissig. Die Schriftsteller traten ihm viel zu pompös auf, und er fand, dass ihre Frauen sie wie Dichterfürsten behandelten. Ganz abgesehen davon, dass sie trotz ihres Horrors vor den Nazis nicht zu einer gemeinsamen Haltung fanden. (75) Golo Mann tutete ebenfalls in dieses Horn: *Im großen und ganzen dachte ich damals über die politische Emigration, so wie ich sie in Sanary kennenlernte, nicht allzu hoch und mit jugendlicher Schärfe. ... Gestern Abend war Arnold Zweig da, der so ein eitler, mittelgescheiter, geschwätziger Mann ist, wie die anderen auch. Außer dem Alten und Heinrich habe ich noch keinen wirklich bedeutenden Emigranten getroffen. ... Wenn man sich hier in ein Kaffee setzt, schwapp, sitzt eine gestürzte Größe neben einem. Was hat Zweig ... da wieder für erztheoretischen Unsinn verzapft ...* (76)
Wie auch immer: Thomas Mann äußerte damals zu Heinrich, dass er sich eine *belebende und steigernde Wirkung auf* sein *Künstlertum durch die gewaltsame Befreiung aus der deutschen Misere und die Verpflanzung ins Europäische erwarte.* (77) Das Exil als kreative, anregende Kraft und als Chance für eine europäisch-internationale Öffnung – ganz im Sinne Egon Erwin Kischs, für den die Emigration kein Stillstand, sondern eine Aktion war. (78) Und trotzdem: Im Hintergrund blieben die Wunden, die das Exil schlug, die Entwurzelung und die Heimatlosigkeit bestehen. (79) Auch die große Unsicherheit, die Elisabeth für die Zeit in Sanary bestätigte: *Es hing eine große Unsicherheit über einem. Man wusste nicht – ich meine, jetzt war man halt mal da, - aber was danach passieren sollte, darüber war man sich noch gar nicht klar. Man fing eben doch an,*

damit zu rechnen, dass es wesentlich länger dauern würde, als man gedacht hatte. Und allmählich zog es meinen Vater in ein deutschsprachiges Gebiet, weil er sich da mehr zu Hause fühlen würde. (80) Insgesamt aber überwog bei Thomas Mann der positive Eindruck über die Zeit dort, wie aus seinem Tagebuch vom 22. September 1933 klar hervorgeht, als er sich in Richtung Schweiz verabschiedete: *Ich schließe die diesen Aufenthalt begleitenden Aufzeichnungen, an den ich dankbar zurückdenken werde.* Ja mehr noch: Er spielte sogar mit dem Gedanken, sich in Sanary ein Haus zu bauen. (81) An seinen Bruder Heinrich schrieb er im Juli 1936, dass er nun für Frankreich Zuneigung und Hochachtung empfinde.(82)
Am 9. September 1933 erreichte Thomas Mann die Nachricht, dass er ein Visum für die Schweiz erhalte, der Sog des deutschsprachigen Raums war doch zu groß. Wenig später ließ er sich dann in Küsnacht bei Zürich nieder. Einige für ihn wichtige Möbel waren - als Umzugskisten seines Kollegen René Schickele getarnt – von München in die Schweiz transportiert worden. Erika Mann war damals mit ihrer „Pfeffermühle" in der Schweiz beschäftigt, Klaus hielt sich in Amsterdam auf, er arbeitete an seiner Zeitschrift „Die Sammlung", Golo unterrichtete als Lektor für Deutsch in Saint-Cloud bei Paris, Monika blieb noch in Sanary und Michael besuchte das Züricher Konservatorium.
Nach Golos Beobachtung war sein Vater in der Schweiz zufrieden: *Mein Vater, trotz seines „Leidens an Deutschland", wie er später einen Essay-Band benannte, fühlte sich dort wohl.* (83) Und das, obwohl die Mehrzahl seiner alten Schweizer Freunde sich kühl verhielten. Ein rechter Bürger habe positiv zu seinem Staat zu stehen, meinten sie: *er sollte zu Hause bleiben.* (84) Dass die Schweiz seine Heimat geworden war, da er nicht in die alte zurückkehren konnte und dass er sich dort glücklich fühlte, das bestätigte Thomas Mann mehrfach, zum Beispiel in der Dankesrede, die er am 26. Mai 1935 bei der offiziellen Feier zu seinem 60. Geburtstag hielt. Der Grund für seine Zufriedenheit lag in seiner harmonischen Übereinstimmung mit der Schweiz. (85)
Kein Zweifel: um eben dieses innere Gleichgewicht nicht zu stören, brach er damals noch nicht offiziell mit dem Dritten Reich, das hätte ja auch den Verlust seiner Publikationsmöglichkeit in Deutschland

und seiner deutschen Leser bedeutet. Mit dieser Haltung befand er sich in guter Gesellschaft, wie der Besuch Paul Valérys bei ihm in Küsnacht beweist: Valéry hatte von dem Propagandaminister Goebbels eine Vortragseinladung nach Berlin erhalten. Auf die Frage, ob er das von Goebbels angebotene Vortragshonorar annehmen solle, antwortete Thomas Mann, dass er darüber alleine entscheiden müsse. Bei seiner Lage als Emigrant könne er keinen Rat geben. Ein Ausweichmanöver, das um so schlimmer war, weil er als Frage verstanden hatte, ob Valéry die Vortragseinladung annehmen solle. (86) Thomas Mann hielt sich also bedeckt, wie damals fast immer. Und Valéry hatte keine Skrupel, das NS-Regime mit seinem Besuch aufzuwerten.

Während seines Schweizer Exils unternahm Thomas Mann vier USA-Reisen, in den Jahren 1934, 1935, 1937 und 1938. Äußerer Anlass waren amerikanische Ausgaben seiner Bücher und Vortragstourneen. Dabei wurde der Kontakt mit den Staaten enger, und er fand Freunde. Schon während der dritten Reise im April 1937 erwog er mit seiner Frau, dort jeweils einen Teil des Jahres zu verbringen, weil er eine Distanzierung von Europa brauchte. (87) Nach dem Schock des österreichischen Anschlusses am 13. März 1938 betrieb er dann mit Hilfe seiner amerikanischen Vertrauten Agnes E. Meyer seine offizielle Einwanderung in die USA, die am 5. Mai 1938 begann: *Welchen Eindruck auf mich die Untat an Österreich, dass sie möglich war, dass sie geduldet wurde, gemacht hat, mögen sie daraus ersehen, dass ich beschlossen habe, von dieser Reise nach Amerika ... vorläufig nicht nach Europa zurückzukehren. Ich löse meinen Schweizer Haushalt auf und will meinen Wohnsitz in einer Universitätsstadt des amerikanischen Ostens nehmen,* schrieb er damals an eine Freundin. (88)

Thomas Mann nahm noch 1938 eine Professur in Princeton an und blieb dort bis 1941: *Unser Haus ... ist sehr komfortabel und ein Fortschritt gegen alle früheren. ... Die Landschaft ist parkartig, ... mit erstaunlich schönen Bäumen, die jetzt, im Indian Summer, in den prachtvollsten Farben glühen.* (89) Der Kontakt zu Emigranten wie Albert Einstein, Martin Gumpert oder Hermann Broch war relativ eng, und das Mannsche Haus wurde zum Mittelpunkt der Hilfe und Beratung für deutsche und österreichische Emigranten. Das Münchener Abkommen vom 29. September 1938 überschattete schnell wieder dieses annähernd normale Leben: *dann ‚München' und das endgültige Begreifen des schmutzigen Stücks, das all die Zeit gespielt worden ... war. ... Die Scham, der Ekel, das Zerstieben aller Hoffnung.* (90)

Der längere Aufenthalt der Manns in Beverly Hills im Frühjahr 1939 überzeugte sie schnell von dem großen Charme der dortigen Natur und des kalifornischen Lebens: Katia erinnerte sich in ihren Memoiren: Wir *waren hell begeistert von diesem Land und seinem Klima. Die kalifornische Landschaft erinnerte sehr an Israel. ... Es hatte sich eine ganze Kolonie Deutschlandflüchtiger – Literaten, Musiker, Film- und Theaterleute – in Kalifornien niedergelassen, ... und wo gute Nachbarschaft ist, wo gute Freunde sind, da ist ein anregender Kreis, ist Leben, ist Zuhause.* (91) Thomas Mann dagegen kritisierte „Weimar II", die deutsche Kolonie unter Palmen in Hollywood. Er notierte am 23. September 1940 bissig in seinem Tagebuch: *Teilweise amüsant, aber diese Emigranten-Inzucht, in einer abgelaufenen Epoche lebend und an Hand gehegter Dokumente zu Erinnerungen zwingend, über die man hinausgewachsen, ist keineswegs das Rechte und sehr unzuträglich.* Seine Nörgelei beeinflusste aber nicht die Umsiedlung der Manns nach Kalifornien, die Thomas Mann so kommentierte: *Ich habe, was ich wollte, das Licht, die trockene, immer sich erfrischende Wärme, die gegen Princeton wohltuende Weiträumigkeit.* (92) Er hielt sein Arbeitszimmer für das schönste, das er je hatte und schrieb an Agnes E. Meyer: *Die Arbeit am Joseph macht mir jetzt solchen Spaß, dass ich immer kaum den nächsten Vormittag erwarten kann.* (93) Die gute Stimmung wurde im Mai 1941 durch den Besuch Erikas erhöht, die ihr Vater als *rechtes Labsal, belebend, unterhaltend, hilfreich,* als *ein liebes, starkes Kind* erlebte, (94) und durch seine Ernennung zum „Consultant in German Literature" der Library of Congress am 1. Dezember 1941 abgerundet, die mit einem jährlichen Gehalt von 4800 Dollar verbunden war.

Doch nur wenige Tage später griffen die Japaner Pearl Harbour an, und traten die USA in den Krieg ein. *Der Schlag von Pearl Harbour ist mir schrecklich nahe gegangen. Sei es um die Schiffe! Aber so viele kostbare Menschenleben!. Wie war nur so wenig Wachsamkeit in diesem Augenblick möglich?* schrieb Thomas Mann an Agnes E. Meyer. (95) Umgehend verschlechterte sich der Status der deutschen

Emigranten, die noch keine amerikanische Staatsbürgerschaft besaßen, zu dem eines „enemy alien". Der von McCarthy geschürte Kommunistenhass nahm damals bereits seinen Anfang und ließ Thomas Mann am 4. Dezember 1950 in seinem Tagebuch notieren: *Nebel. Dunkel – Dies Tagebuch, Frühjahr 1933 begonnen, ist eine Geschichte, die wieder den Charakter ihrer Anfänge anzunehmen scheint.* So wie 1933 mit Hitlers Machtübernahme traten mit McCarthy wieder politische Reflexionen in den Vordergrund. Thomas Mann blieb am Ball und engagierte sich weiter gegen die Nazis, zum Beispiel mit dem Beitrag „The End", *eine Art Nekrolog auf den Nationalsozialismus,* den er auf Wunsch der Zeitschrift „Free World" im Februar 1945 schrieb, (96) oder mit dem Artikel „Die Lager", den er nach Aufdeckung der Gräuel in den KZ auf Wunsch des „Office of War Information" im April 1945 verfasste und der am 18. Mai diesen Jahres in der „Bayrischen Landeszeitung", dem Nachrichtenblatt der Alliierten, erschien. (97)

Thomas Mann sehnte sich damals nach dem Verlust seines Vaterlandes und mit aufkeimenden Problemen in den USA nach dem Land seiner Mutter, nach Brasilien, wie aus einem Brief aus dem Frühjahr 1943 hervorgeht. (98) Das war um so erstaunlicher, da er noch 1926 Brasilien weit von sich geschoben hatte: *Rio de Janeiro, meiner Mutter Heimat, ist offenbar fabelhaft, aber ich muss es nicht gesehen haben.* (99)

Sieht man von der ersten missglückten Exiletappe in Bandol ab, handelte es sich also bis Kriegsende bei Thomas Mann um ein bewölktes Exil mit sehr vielen und langen Aufheiterungen. Bei seiner Grundüberzeugung, *nicht zum politischen Réfugié* zu taugen (100), eigentlich eine weitgehend gelungene Adaptation.

Dass sie in den USA ein Erfolg sein werde, das bescheinigte Thomas Mann in seinem Empfehlungsartikel **Erikas** „Pfeffermühle", der zur Vorbereitung der USA-Tournee in amerikanischen Zeitungen erschien. (101) Weit gefehlt: Es haperte an Girls und Showeffekten, ganz abgesehen von den vielen Voraussetzungen und Andeutungen über Deutschland, die die Amerikaner nicht erfassen konnten. Die Kritiker verließen die Premiere bereits in der Pause, und die Besprechungen in der „New York Post" und in der „Times" waren

niederschmetternd. Im Januar 1937 mussten die New Yorker Auftritte abgebrochen und die vorgesehene Tournee durch die USA storniert werden. Kein Grund zur Aufgabe für Erika Mann: Sie startete noch 1937 ihre Karriere als „Lecturer", als Rednerin gegen Hitler und für Humanität. Nach Klaus Mann konnte Erika *eine der begehrtesten ‚lecturers' des Kontinents werden, weil sie Hörenswertes zu sagen hat (‚She has a message') und weil sie das Hörenswerte mit liebenswürdiger Intensität zu Gehör bringt (‚She has personality')*. (102) Eine Saison als Lecturer dauerte in der Regel vier bis fünf Monate, ein Agent handelte die Verträge aus und organisierte die Reise in den Pullmannwagen, den Schlaf- und Salonwagen der amerikanischen Eisenbahn. Dafür kassierte er die Hälfte des Honorars. Pro Saison musste Erika rund fünfzigmal jeweils an anderen Orten sprechen. Da wundert es nicht, dass sie ständig Zigaretten und Aufputschmittel brauchte. Dass sie ihre Vorträge anekdotenreich und aufrüttelnd aufbaute und immer aus den Geschichten und Anekdoten ihre allgemeinverständlichen Schlüsse zog, kam bei den Amerikanern gut an. (103) Andererseits gab es immer wieder Drohungen und Erpressungen von Nazi-Sympathisanten. (104) Das hinderte sie nicht, ab 1938 in ihren Vorträgen immer härter zu werden.
Den Kriegsausbruch erlebte sie mit ihren Eltern in Stockholm. Da ihr eigentlich immer klar war, dass Hitler den Krieg plante, spielte sie darum nicht die Ahnungslose, sondern plädierte dafür, mutig durchzuhalten und den Krieg zu überdauern. So lautete auch ihr couragierter Kommentar an ihren damaligen Lebensgefährten Martin Gumpert, einen Arzt und Schriftsteller, mit dem sie mehrere Jahre eine Liebesbeziehung hatte. (105) Wenige Tage später prophezeite sie ihm brieflich, dass der Krieg sich wahrscheinlich zu einem Weltkrieg ausweiten werde und den Deutschen dann nur der Untergang bleibe. Trotzdem hoffte sie noch auf Vernunft und ein schnelles Kriegsende. (106) Ganz klar: Erika hatte sich innerlich weit von Deutschland abgesetzt und „überstand" den Krieg als Journalistin beim Londoner BBC und später zwischen 1943 und 1945 als Kriegsberichterstatterin im Rang eines amerikanischen Offiziers in wichtigen Kampfzonen. In Ägypten, Marokko und Algerien, später im Iran, Irak und in Palästina. Sie verfasste Berichte vom Soldatenalltag an der Front und knüpfte an ihre Erfahrungen aus ihrer Korrespondententätigkeit im spanischen

Bürgerkrieg im Juni und Juli 1938 an. Am D-Day, am 6. Juni 1944, war sie ebenso dabei wie bei der Befreiung von Paris, von Brüssel und später von Aachen. Danach besuchte sie ab Mitte des Jahres 1945 in amerikanischer Uniform München, Berlin, Weimar, Köln, Frankfurt und Dachau. Nur „die da oben" sollten zur Rechenschaft gezogen werden, meinten die Deutschen, die sie traf. Auf überzeugte Nazis stieß sie kaum, die Deutschen hatten bereits ihre Identität gewechselt. Ihr Plan, aus ihren Artikeln zwischen Frühjahr 1945 und Frühjahr 1946 das Buch „Alien Homeland" zu machen, blieb Fragment.
Kritik und Diffamierungen blieben nicht aus, die Sozialdemokraten warfen ihr Deutschlandfeindlichkeit vor, die Linken hielten sie für naiv und die Rechten für eine Kommunistin. (107)
Viel Zeit zum Nachdenken über ihre Adaptation an die USA blieb ihr nicht. Aber: Sie schien sich damals mit dem „American way of life" identifiziert zu haben und das heißt: mit dem „New Deal" Franklin D. Roosevelts und seiner Abkehr vom Isolationismus. Er stand für ein freiheitliches und tolerantes Amerika. (108) Das *Entwürdigende und Erniedrigende der Emigration*, das sie nach Irmela von der Lühe empfand, wird sich wohl erst mit den Anfeindungen McCarthys eingestellt haben. (109)
Neben die Lecturer- und journalistischen Aktivitäten traten ihre Publikationen, mit denen sie engagiert gegen das Dritte Reich Stellung bezog. Zum Beispiel schon früh mit ihrer „School for Barbarians. Zehn Millionen Kinder. Die Erziehung der Jugend im Dritten Reich", die 1938 bei Querido in Amsterdam erschien. Dieser erste Dokumentarbericht stellte die Erziehungsgrundsätze des Dritten Reiches an den Pranger: die Führergefolgschaft, den Rassenhass und die Kriegsbereitschaft. Eine Erziehung, die den Kindern die moralische Orientierung, das Gefühl für Recht und Menschlichkeit, nahm. Thomas Mann schrieb in seinem Vorwort: *Es hat einen abscheulichen Gegenstand, dieses Buch; es spricht sehr kenntnisreich, sehr wohlfundiert, von Erziehung in Nazi-Deutschland, ... durch den Reiz seiner Sprache, die Lauterkeit der Kritik, mit der es das Leidig-Dokumentarische umrankt, setzt es dem empörend Negativen, Falschen und Böswilligen das Positive und Rechte, Vernunft, Güte und Menschlichkeit tröstlich entgegen.* (110)

Nach Einschätzung seines Bruders Golo lebte **Klaus Mann** in den ersten Emigrationsjahren besonders intensiv und glücklich. Ja mehr noch: Der Kampf gegen die Nazi-Tyrannei forderte ihn stark und ließ ihn wachsen. (111) Eine zutreffende Charakterisierung für Klaus Manns erste Jahre in Paris und Amsterdam. In den zwanziger Jahren wurde in Paris allmählich sein politisches Bewusstsein geweckt und die Basis für seinen antifaschistischen Kampf gelegt, vor allem durch die von ihm geschätzten französischen Schriftsteller, allen voran André Gide. Paris liebte er nicht nur, sondern die Stadt wurde für ihn zu einer Art zweiter Heimat, zu einem Bollwerk der Demokratie. (112) Selbst der von ihm und Erika gemeinsam herausgegebene Reiseführer über die französische und italienische Mittelmeerküste zwischen Marseille und Genua klingt wie eine Hymne auf „la Douce France": *Gesegnetes Frankreich, mit Paris als Hauptstadt und dieser Mittelmeerküste als Badestrand,* heißt es begeistert im Vorwort. (113) In Amsterdam hatte Klaus Mann in Fritz Landshoff, dem Leiter der deutschen Abteilung des „Querido"-Verlages, einen großen Freund gewonnnen. Klaus wurde ein wichtiger Autor und eine große Stütze für den Verlag (114) und veröffentlichte dort neben seinen Büchern seine Literaturzeitung „Sammlung", eine Visitenkarte des Verlages. Getrübt wurde sein Verhältnis zu den Niederlanden durch den Fall Liepmann, den ehemaligen Dramaturgen der Hamburger Kammerspiele und damaligen freien Schriftsteller und Journalisten: Heinz Liepmann war wegen angeblicher Verunglimpfung des deutschen Reichspräsidenten Hindenburg in seinem Roman „Vaterland" zu einem Monat Gefängnis in den Niederlanden verurteilt worden. Ein Urteil, das Klaus Mann stark verunsicherte und in seinen Aktivitäten behinderte, wie er am 13. Februar 1934 in seinem Tagebuch notierte. Eine Lähmung, die sich durch das Verbot von politischen Anspielungen verstärkte, das die niederländische Regierung im Herbst 1936 gegen die „Pfeffermühle" verhängte.

Im September 1938 emigrierte er dann weiter in die USA, da der Druck der Nazis auf Europa immer größer wurde und er voller Hoffnung war, dass dort die europäische Appeasement-Politik nicht mehr lange toleriert würde. Enttäuschungen blieben ihm aber in Amerika nicht erspart, wie zum Beispiel bei seinen Lecturer-Reisen: *Meist sind es Damen der mittleren und hohen Bourgeoisie, Mitglieder*

der berühmten women clubs, die sich von solchen ‚Wanderrednern' zur Lunchzeit oder nach dem Dinner belustigen und belehren lassen. (115) Und dabei häufig hüsteln und einschlafen, auch diese Erfahrung musste er beständig machen. Schlimmer oder eher katastrophal waren dann die Erfahrungen, die er mit seiner zweiten Literaturzeitung, der „Decision", machte, die von Januar 1941 bis Januar 1942 erschien, für seinen Vater immerhin *die beste, farbigste literarische Revue, ... die Amerika je gesehen hat.* (116) Die angesprochenen potentiellen Sponsoren entpuppten sich als taub und unsensibel: *Ich muss sagen, es war eine gute Gelegenheit, die ‚Vorhut des Liberalismus' zu studieren und zu beobachten. Ich habe das Vergnügen gehabt, mit den meisten ihrer Vertreter in persönlichem Kontakt zu stehen. Ich habe ihr wahres Gesicht gesehen. Sie sind gefühllos, snobistisch, egoistisch. Gelähmt von ihrer Eitelkeit, besessen von ihrer Sucht, Geld zu scheffeln. Mich haben sie gedemütigt, geschnitten und zugrunde gerichtet: Das verdanke ich ihrer grenzenlosen Trägheit und Überheblichkeit und ihrem bestürzenden Mangel an Mitgefühl und schöpferischer Einbildungskraft,* notierte Klaus Mann bitter. (117) Und das bei der großen Bedeutung, die diese Zeitschrift für ihn hatte und die er zu einem bedeutenden Forum der internationalen Literatur machen wollte. (118) Der Nackenschlag hatte gesessen. Und dennoch oder vielleicht auch deshalb, weil ihm das andere Instrument, die „Decision", aus der Hand geschlagen worden war, meldete er sich zur amerikanischen Armee. Die Gründe: *Ich will dabei sein. Endlich einmal dabei sein,* notierte er am 28. Mai 1942 in seinem Tagebuch. Und ergänzte am 2. Juni 1942: *Überdrüssig der Freiheit, überdrüssig der Einsamkeit. Sehnsucht nach Gemeinschaft. Der Wunsch, mich einzuordnen, zu ‚dienen'.* Aber auch dort wehte ihm rauer Wind entgegen. Zum einen störte ihn der Rassismus, den er in der Army erfahren musste: Die weißen GI's hielten die Schwarzen und Gelben für Menschen dritter Klasse. *Kein Nazi könnte schlimmer sein. Ich glaube, so ein Alabama-Johnny würde Hungers sterben, ehe er sich mit Schwarzen an einen Tisch setzte,* schrieb er an Erika. (119) Zum anderen wurde er ab 26. Oktober 1941 durch den FBI auf unamerikanische Umtriebe observiert. Sein Überwachungsoffizier bezeichnete ihn in seinem Protokoll als sexuell perversen Menschen, der zwei- bis dreimal pro Woche die Nacht in seinem Hotelzimmer mit einem Mann verbringe. (120) Bei seiner Vernehmung durch den FBI wies er den homosexuellen Vorwurf empört und entschieden zurück und bestand darauf, ein völlig durchschnittlicher junger unverheirateter Mann mit entsprechenden normalen Sexualpraktiken zu sein. (121)

Nach mehreren Ablehnungen akzeptierte ihn schließlich die Army. Wie sein Marcel Poiret im „Vulkan" konnte er endlich den Worten Taten folgen lassen. Nach seiner Ausbildungszeit wurde er im Januar 1944 Mitglied einer Propagandakompanie, einer Spezialeinheit zur psychologischen Kriegsführung, die den Italienfeldzug mitmachte. *Achtung, Achtung! Nur noch drei Minuten bis zum Trommelfeuer – gerade Zeit genug für euch, um den kleinen Spaziergang rüber zu uns zu machen. Also auf, auf, auf ... ihr werdet erwartet: der Kaffee ist gerade fertig bei den Amerikanern – Kaffee und Kuchen: Das ist doch besser als totgeschossen werden!* (122) Ein Aufruf zur Fahnenflucht, den seine Kompanie über Lautsprecher zum deutschen Gegner übertrug bzw. als Flugblätter hinter der gegnerischen Front abwarf. Klaus Mann war offenbar nach allen Problemen auf amerikanischer Seite angekommen.

Er hatte die Höhen und Tiefen des Exils durchlaufen und dabei auch seine motivierende Kraft erfahren. Die bereichernde Zeit bezog sich vor allem wie bei Heinrich Mann auf den Frankreich-Aufenthalt, nur teilweise auf den Amsterdamer- und USA-Abschnitt bis zum Ende des 2. Weltkrieges. Er erkannte aber auch das schwierige Los der jungen Exilautoren, die als Unbekannte im Ausland praktisch keine Chance hatten. (123)

Dass seine Schwester Erika Anfang der vierziger Jahre stark eingespannt und aktiver als er war, konstatierte er mit einiger Bitterkeit und konnte selbst einen gewissen Neid auf sie nicht unterdrücken. (124) Eine Trübung ihres Verhältnisses, die seine amerikanischen Probleme vergrößerte und bis an sein Lebensende anhalten sollte.

Das Exil brachte **Golo Mann** zunächst im Sommer 1933 nach Sanary-sur-Mer, dann für das akademische Jahr 1933/34 als Lektor für Deutsch nach Saint-Cloud bei Paris. Von November 1935 bis Juli 1936 ging er in dieser Funktion nach Rennes. Von 1936 bis Mai 1940 lebte er hauptsächlich in Zürich, arbeitete an der Zeitschrift „Mass und Wert" mit und erledigte die Vorarbeiten für seine „Friederich von Gentz"-Biografie und den „Wallenstein". Bei dem Versuch, sich als Freiwilliger in Frankreich gegen die Nazis zu engagieren, wurde er im Mai 1940 interniert, konnte aber Anfang September über die Pyrenäen nach Spanien und Lissabon fliehen. Am 13.10.1940 kam er in New York an.

Dass die Emigranten in Sanary in einer *Art ‚Zauberberg'* lebten, diesem Urteil des Verlegers Gottfried Bermann-Fischer stimmte Golo zu. (125) Bei seinem Tagesablauf in Sanary eine verständliche Einschätzung: *Normalerweise verlief mein Tag folgendermaßen. Früh stand ich auf, nahm ein Bad in der Bucht vor dem Hause, machte mir ein Frühstück à la française allein in der Küche und beschäftigte mich dann mit Lektüren, später mit Schreiben: Seite auf Seite Gedanken über das ‚Dritte Reich' im Tagebuch, dann ein Aufsatz über dessen ‚Philosophie', der nach und nach sich auf Ernst Jünger konzentrierte, weil ich ihn für den bedeutendsten geistigen Vertreter des Regimes hielt. ... Gegen Mittag trat ich den Marsch nach der Villa ‚La Tranquille' an, ... schwamm noch einmal im Meer mit Mutter und Geschwistern und blieb für die beiden Hauptmahlzeiten; dazwischen las ich oder gab meinen jungen Geschwistern, Elisabeth, ‚Medi', und Michael, Bibi, eine Art von Ersatz-Schulunterricht.* (126) Gestört haben ihn damals nur einige Emigranten, die er für ausgediente alte Schwadroneure hielt wie zum Beispiel Alfred Kerr und die ihn begreifen ließen, warum Hitler an die Macht gekommen war. (127) Während seiner Lektorenzeit in Saint-Cloud hatte er viel von Frankreich gelernt, besonders von den Historikern, die er *für besser hielt als die deutschen, mindestens was ihren schriftstellerischen Stil betrifft.* (128) Mit seinen vielen Lektüren wurde Saint-Cloud für ihn zu einem *geistigen Treibhaus, ... unvergleichlich intensiver als Heidelberg gewesen war.* (129) Nimmt man die große Gastlichkeit, die er in Frankreich erfuhr hinzu, wird sein Traum nachvollziehbar, Frankreich zu seiner *zweiten Heimat zu machen* und eine staatliche Anstellung an der Universität zu bekommen. (130) Dass er damals als kühler Beobachter abseits von den politisierenden deutschen Emigranten lebte und sich nicht zu ihnen zählte, (131) wird sein Votum für Frankreich erleichtert haben. Ein neues Gesetz machte aber seine

Hoffnungen auf Festanstellung zunichte, als er in Rennes arbeitete. Zur Voraussetzung wurde die französische Staatsbürgerschaft, und die konnte man nur nach zehnjährigem Aufenthalt in Frankreich beantragen. Ein herber Rückschlag für Golo Mann, der nun sein Leben in Rennes kritisch sah: *Traurige Nachtgedanken in dem engen Zimmerchen. ‚Leben ohne Würde. Ich bin eine Ware ohne Markt. Nur der Staat gibt einem wie mir willkürlich seinen Wert; und ich habe keinen Staat'.* (132) Und er fragte sich weiter zu seinen praktischen Lebensbedingungen: Werde *ich immer in solcher Umgebung hängen bleiben, so wie mein Bruder Klaus in Bohème-Hotels? Erbärmlich stand es mit den hygienischen Verhältnissen: Krug mit Waschschüssel und einem Eimer.* (133) Dass er nach Teilnahme an dem Vortrag eines bretonischen Separatisten von der Polizei penibel verhört wurde und der „Recteur" der Universität ihn daraufhin als Nazi-Agenten in Verdacht hatte, der in der Bretagne für Unruhe sorgen sollte, kam erschwerend hinzu. Kurz, die zunächst so viel versprechende und eher leicht mögliche Anpassung an die französischen Verhältnisse war gescheitert.

Ein Kleinstaat, ja das war die Schweiz, trotzdem war sie nicht leicht zu durchschauen: *Diesen Kleinstaat im Ernst zu verstehen, ist nicht leichter; als sich mit irgendeinem Staatsgiganten vertraut zu machen,* notierte sich Golo Mann zu Beginn seines Schweizer- Aufenthalts. (134) Dazu kam die gewisse Kühle der Schweizer ihren Emigranten gegenüber: Touristen ja und ausländische Künstler waren sowieso willkommen. Aber Emigranten? Die hatten doch ihr Land verlassen, mit ihm gebrochen und wohnten in der Fremde. *Da stimmte etwas nicht, dem haftete* für Schweizer *etwas Zigeunerhaftes an,* so die damalige Erklärung Golo Manns. (135) Die Zustände unter den Nazis beunruhigten ihn in zunehmendem Maße nach dem Anschluss Österreichs: *Was mich schier zur Verzweifelung bringt, ist, was ich über die Zustände in Österreich gehört habe. Das ist schlimmstes, fernstes Mittelalter. Die Ausplünderung, die Massakrierung der Juden, und zwar durch die bürgerliche Mittelklasse. Das kann man nicht nur Hitler nicht vergeben, nein, dem deutschen Volk in seiner Gesamtheit kann dies nicht vergeben werden. ... Furchtbar ist es, dass Krieg und Friede von einem Halbverrückten abhängen.* (136) Als dann der Krieg entfesselt war, schien die Zukunft für seinen Freund Félix

Pécaut und wohl auch für ihn *dermaßen dunkel, dass man nicht einmal die undeutlichsten Hypothesen sich ausdenken kann.* (137) Nach der Besetzung Belgiens und Hollands glich die Schweiz einer belagerten Festung, sie erwartete stündlich den deutschen Angriff. Die Schweizer rückten eng zur Verteidigung zusammen, und Golo Mann begriff damals *die Bedeutung solcher Worte wie ‚Vaterland' und ‚Gemeinschaft' – und was es heißt, von ihr ausgeschlossen zu sein. Wer hier als ein Fremder nicht mittun durfte, der war verloren. In der Stadt, unter Menschen hielt ich es nicht aus, kaum wagte ich, mich auf der Straße blicken zu lassen.* (138) Erklärlich, dass er das Land verließ, um sich in Frankreich im antifaschistischen Kampf zu engagieren. Allerdings ohne jeden Erfolg. An der Grenze wurde er direkt verhaftet und in ein Internierungslager überführt. Die Lebensumstände in seinen ersten beiden Lagern, in „Loriol" und „Les Milles" bei Aix-en-Provence, waren mit ihrer Lebensmittel- und Wasserknappheit und den langen Schlangen vor den Toiletten schwer erträglich. Aber dennoch: die Notwendigkeit des Krieges rechtfertigte für ihn die Lager. (139) Mehr noch: Auf dem Transport von „Loriol" nach „Les Milles" wurde er zum „chef de groupe" gemacht: *Ich glaube, wenn einer zu fliehen versuchte, ich würde ihn nach Leibeskräften daran zu hindern versuchen. So sind wir. So stark ist unser Trieb, irgendwo zu führen, für andere zu sorgen, dem, dass sie ihn so überreichlich befriedigt haben, verdanken die Faschisten nicht zuletzt ihren Erfolg,* notierte er damals. (140) Der abseits stehende, sich eigentlich immer anpassende Beobachter plötzlich in der Rolle eines Menschen, der nach unten treten kann? Auf jeden Fall schirmten die Lager auch ihn gegen die schrecklichen und entmutigenden politischen Nachrichten ab.

Sein Vater sorgte sich damals sehr um ihn und ließ über seine Gönnerin Agnes E. Meyer bei brasilianischen Regierungsstellen um ein Einreisegesuch für ihn bitten: Am 2. Juli 1940 schickte Carlos Pereira de Souza von der brasilianischen Botschaft in Washington ein Telegramm an das Außenministerium in Rio de Janeiro mit der Bitte, Angelus Gottfried Thomas Mann, dem Sohn von Thomas Mann und dem Enkel der Brasilianerin Julia da Silva Bruns, ein Einreisevisum auszustellen. Das Gesuch wurde abgelehnt, ein Vorgang, den eine

brasilianische Arbeitsgruppe, an der ich mitgearbeitet hatte, 1995 im Staatsarchiv von Sao Paulo entdeckte. (141)
Nach seiner Befreiung aus der Internierung und seiner dramatischen Flucht über die Pyrenäen Anfang September 1940 kam Golo Mann zusammen mit seinem Onkel Heinrich und dessen Frau Nelly am 13. Oktober in New York mit der griechischen „Nea Hellas" an. Nach Aufenthalten in Princeton, New York und Pacific Palisades wurde er im Oktober 1942 am "Olivet-College" in Michigan zum Professor für Geschichte ernannt. Er war dort so stark eingespannt, dass er bereits um drei Uhr morgens aufstand, um mit seinen Vorbereitungen zu beginnen. (142) Nach seiner Einberufung in die amerikanische Armee im August 1943 fuhr er über die Weihnachtstage zu seinen Eltern: *Vier Tage war er, in der Coach, gereist, um vier Tage bei uns zu sein. Vielleicht ist er der Alleranhänglichste der Kinder, obgleich sie alle starke ‚rückwärtige Bindungen' haben,* kommentierte sein Vater. (143) Indizien, dass es auch in den USA mit seiner Integration nicht weit her war.
Golo Mann wurde dann als Presseoffizier im April 1944 in die amerikanische „Broadcasting Station" nach London versetzt, später für die letzten Kriegsmonate in gleicher Funktion nach Luxemburg. Ab Spätherbst 1945 wirkte er bei dem Aufbau von „Radio Frankfurt" in Bad Nauheim mit.

Michael Mann erhielt bereits 1924 als Fünfjähriger Geigenunterricht und konnte sein erstes Konzert 1926 im Bayrischen Rundfunk geben. Zusammen mit den Eltern ging er 1933 ins Schweizer Exil. In Zürich bestand er 1937 am Konservatorium sein Lehrdiplom. Anschließend wollte er das Konzertdiplom machen, ohrfeigte aber den Direktor, als dieser ihm das Klavierspielen in der Pause verbot. Sein Schulverweis brachte ihn 1937 zur Fortsetzung seines Musikstudiums nach Paris. Über Belgien und England kam er dann Ende 1939 in die USA, nach Carmel-by-the-Sea in Kalifornien. Von 1942-1949 spielte er im San Francisco Symphonieorchester. 1949 begann er seine Solistenkarriere als Bratschist mit Schweizer Wohnsitz in Zollikon bei den Schwiegereltern, später zwischen 1950 und 1952 mietete er ein Haus, die Villa „Pietz" mit Bootsschuppen, am Wolfgangseeufer in Österreich. Nach seiner Rückkehr in die USA 1952 war er von 1955 bis 1957 Orchestermitglied im „Pittsburgh Symphonie-Orchester", bis er anschließend sein Germanistikstudium an der Harvard Universität begann, das er 1961 mit einem Ph.D. abschloss. Darauf folgte seine Lehrtätigkeit in der Deutschabteilung der „University of California", die er bis zu seinem Tod am 1. Januar 1977 fortführte.

Michael Mann lehnte schon als ganz junger Mensch die Nazis ab, und das nahm später zu. Seine Länderwechsel hatten aber weiter überwiegend persönliche und weniger politische Gründe. Das gilt jedenfalls für die Übersiedlung von Deutschland in die Schweiz und von Zürich nach Paris, hinter der seine Relegation von dem Züricher Konservatorium stand. Und das Rauszögern seines Umzugs in die Staaten führte er auf das problematische Verhältnis zu seinen Eltern zurück.

Apropos Impulsivität: Michael Mann wurde in seinem Leben immer mal wieder handgreiflich, zum Beispiel gegen seine Konzertpartnerin Yalta Menuhin, die daraufhin nicht zum Konzert erschien, oder sogar gegen seine Frau. (144) Auch sein Sohn Frido bestätigte das cholerische Verhalten seines Vaters. (145) Michael Mann war *sich und anderen immer etwas voraus. Accelerando,* so beschrieb ihn einer seiner Professorenkollegen aus Berkeley. (146) Er war sich selbst aber nicht nur voraus, er stand auch häufig neben sich, wie seine häufigen ironischen Bemerkungen zeigten. Zum Beispiel: *Früher war ich jung und dumm, heute bin ich alt und dumm* (147) oder seine Auffassung, dass aus ihm ein *ätzender Literaturhistoriker* geworden sei. (148) Dazu passt, dass ihn die Army bei seinem Einrücken sofort als *overtense,* als übernervös wieder entlassen hatte. Und natürlich auch sein Bedarf an Schlaf- und Beruhigungstabletten, die er *Rötchen* oder *Gelbchen* nannte. (149) Charaktereigenschaften, die auch in seinen beiden Novellen „Drei Steppdecken – Eine amerikanische Professorenidylle" und „Smorzando", eine Musikergeschichte, auftauchen und die man autobiographisch lesen kann: Der Professor *jammert oder er macht Witze. Er hungert (um abzunehmen) oder er frisst. Für ihn gibt es nur ein Zuviel oder Zuwenig. ... Gerald M. Kornelius wird am 1. März sechsundfünfzig Jahre. ... So durchlebt (oder durchstirbt) Kornelius seinen Lebensdualismus. ... Das Pendel seiner zerrissenen Existenz tendiert zur Selbstüberwindung hin. ... Seine Physis ist über seine Jahre verbraucht und an allen Ecken beschädigt: ein Bein hat sich, wegen jahrelangen völligen Mangels an Bewegung etwas verkürzt.* (150) In der Musikernovelle geht es um die eigene Identität: *Zu wissen, wer man ist, was man kann, wie und warum man so verehrt wird – darauf kommt alles an.* (151) Und genau das wusste Michael Mann offenbar nicht so genau! Wenn die Adaptation bei ihm also nicht glatt verlief, dann lag das weniger an den klassischen Folgen des Exils, also an Sprachproblemen, dem Heimatverlust, der fehlenden Geltung und den finanziellen Problemen, sondern an seinem Charakter, an seiner Unbeständigkeit und Wandelbarkeit, daran, dass man *sich nicht auf ihn verlassen* (konnte)*, weil er oft selber nicht wusste, was er tat oder wollte,* so formulierte es später einer seiner Freunde. (152) Trotzdem verbrachte er eine mehr oder weniger angenehme Zeit in Paris, wie aus einem Brief an seine Mutter Katia hervorgeht: *Ich weiß die Reize und Vorzüge von Paris wieder etwas mehr zu schätzen.* (153) Und auch der Start in Carmel-by-the-Sea war geglückt: *Wir sind nunmehr also gesettelt in dem Häuschen, auf das einen Monat zu warten schon ganz lohnend war. ... Es ist schon wohl das ‚schönste', was man sich in dieser so merkwürdigen Welt heute vorstellen oder wünschen könnte, also eigentlich ungeheuerlich. ... Und ein ruhiges Leben in der freien Natur wie dieses hier, ist bestimmt wichtiger.* (154) Das sollte sich mit zunehmendem Alter ändern.

Die Zweigleisigkeit seiner Herkunft behinderte **Frido Mann** stark, einmal in seinem Zugehörigkeitsgefühl zu Amerika, dessen Bürger er ja durch Geburt war, und zum anderen zum europäisch-deutschen Raum, dessen Kultur ihm seine Verwandten noch vorlebten. *Dadurch kam ich von Anfang an in Gefahr,* schrieb er in seinen ersten Memoiren, *weder hier noch dort Fuß zu fassen und auf beiden Kontinenten ein Fremder zu sein.* (155) Er empfand sich in Kalifornien als *Emigrantenkind,* als *Fremder, irgendwie Ausgeschlossener,* dafür hatten die Gespräche mit Eltern- und Großeltern gesorgt, in denen er die Horrorberichte über Deutschland und die Zugehörigkeit seiner Familie zu diesem Land aufgeschnappt hatte. (156) Aber er war Fremder in einem *paradiesischen Exil,* besonders wenn er die Sommer bei seinen Großeltern in Pacific Palisades verbrachte. (157)

In der Fernsehtrilogie „Die Manns – ein Jahrhundertroman" von Heinrich Breloer unterhielten sich die Brüder Thomas und Heinrich Mann draußen im Schnee in Weßling vor dem Sterbezimmer ihrer **Mutter Julia** über ihre Eltern: Heinrich: *‚Er hat Mutter nie verstanden'. Thomas nickt: ‚Fürchtete sich wohl vor ihrem Temperament'. Heinrich: ‚Glaubte wohl, nach seinem Tod würde daraus Zügellosigkeit, ein Sichtreibenlassen'.*(158) Ein Gespräch, das auf ihr Einleben in Lübeck gespannt macht.

Bei ihrer Lübecker Ankunft galten die braungebrannte südländische Julia, ihre Geschwister und ihr schwarzes Kindermädchen als fremde Exoten, die aus einem weit entfernten Kontinent stammten, den man sich mit seinen Gebräuchen und Mentalitäten nicht vorstellen konnte. Dass ihre Großmutter aus dem portugiesischen „Vovo", so nannten sie die Kinder liebevoll, „Wauwau" machte, erhöhte die Irritationen. Wegen ihrer „Negerherkunft" wurden sie sogar ausgelacht und durften nicht mehr Portugiesisch sprechen. (159) Sie spürten die Gegensätze zwischen den zwei Welten deutlich. Konnten sie die Unterschiede verkraften und überwinden?

Welche Kontraste schnitten nun in Manas und Dodos (Julias) *Leben ein! Die sonnige Heimat, wo sie in ungezwungenem Dasein meist in der prachtvollen Natur ihre früheste Kindheit verbrachten; die Liebe ihrer Mai , ihrer Anna, der Großeltern auf der Ilha und aller, die sie drüben als kleines Kind gekannt und mit denen sie gespielt hatten – das lag nun für immer weit dahinten; und jetzt wie auf eine andere Welt versetzt, traten fremdes Land, Klima, Leute, Sprache und Sitten an sie heran!* (160) Der Ankunfts-Schock wurde durch den ersten Schnee und durch Weihnachten gemildert: *Der erste Winter machte natürlich großen Eindruck auf Mana und Dodo; diese hielt den Schnee für Zucker und war sehr enttäuscht, nachdem sie ihn probiert hatte. Und seit sie die Tanne am schönen Weihnachtsfeste, das ihr bisher fremdgeblieben war, kennengelernt, war dieser Baum, nächst ihren heimatlichen Palmen, für sie der schönste und ist es geblieben,* schwärmte Julia. (161)

Julias Unbekümmertheit und Frohnatur schien sich schnell durchgesetzt zu haben, wenn sie auch weiterhin sehr an Paraty hing, das bestätigte sie an zwei Stellen in ihren Memoiren. Zu der Anpassung trug auch ihre Sprachbegabung bei: sie lernte *in einem*

Vierteljahr die neue Sprache so weit, wie sie leider gleichzeitig, bis auf weniges, ihr Portugiesisch vergaß. (162) Und dazu gehörte „Molequinho de meu pai", das Kinderlied „Bübchen meines Vaters", das sie in Paraty gelernt hatte und ihren eigenen Kindern auf Portugiesisch vorsang. Neben Deutsch lernte sie Lübecker Platt und natürlich Englisch und Französisch. *Klavier spielte sie mehr, als die Stunden ihr vorschrieben; ... Sie hat lieber musiziert als gelesen.*(163) Beim Chorsingen gehörte sie zu den besten Sängerinnen und nach einigen Theaterbesuchen war es um sie geschehen: sie wollte Opernsängerin werden. Kein Wunder, dass Thomas Mann ihr später als Kind begeistert stundenlang zuhörte, wenn sie äußerst feinfühlig auf ihrem Bechsteinflügel im Salon spielte und dazu sang. Am besten gelangen ihr die Etüden und Notturnos von Chopin. Mit ihrer angenehmen und wohlklingenden Stimme sang sie ihm Lieder von Mozart, Beethoven, Schubert, Schumann, Brahms, Liszt und anderen vor, die er wundervoll fand. (164)

Julia tanzte als junges Mädchen auch gerne, ihr gelang es sogar auf *Spitzzehen* (165) zu tanzen und bei Schulaufführungen wurde sie von Mitschülerinnen als Beraterin hinzugezogen. Einige Mitschülerinnen empfanden sie dabei als ‚*herrschsüchtig*', ‚*eingebildet*' und zu ‚*selbständig*'. (166) Zu dieser Dominanz passt die eigentümliche Charakterkälte, die Thomas Mann ihr in einem Brief an seine Förderin Agnes E. Meyer bescheinigte (167) und ihr Zweifel, ihren Konfirmationsspruch - „Wer mich lieb hat, der verleugne sich selbst, nehme sein Kreuz auf sich und folge mir nach" - erfüllen zu können. Sie glaubte ganz einfach nicht, die Kraft zu haben, dem Heilande auf seinem Weg zu folgen. (168)

Kurz: Julias unbekümmerte Frohnatur, ihre Sprachbegabung und musisch-künstlerische Ader zusammen mit einem gewissen Maß an Egoismus und kraftvoller Selbstbehauptung trugen zu einer weitgehenden gelungenen Assimilation während ihrer Lübecker Schulzeit bei. Dazu gehörte auch der problemlose Übertritt vom Katholizismus zum Protestantismus: *und so geschah die Segnung und Aufnahme der Kinder in die protestantische Gemeinde, durch einen alten lieben Pastor, der im Ausdruck des Kopfes mit dem langen Silberhaar, der edlen Gesichtsform, den Bewegungen, der Gestalt, recht wie das Urbild eines Pastors erschien; wie der menschliche*

Gegenstand der höchsten Ehrfurcht. (169) Es ging eben auch bei dieser Konversion mehr um Form als um Inhalt.
Und auf einigen dieser Bälle, einem Polterabend und Hochzeit, an denen Julia teilnahm, *sah sie ihren künftigen Gatten. Da war sie sechzehneinhalb Jahre alt, und ihr Schicksal war besiegelt,* vertraute sie ihren Memoiren an. (170) Mit nicht ganz achtzehn Jahren heiratete sie am 4. Juni 1869 den über zehn Jahre älteren hochangesehenen Lübecker Kaufmann Johann Thomas Heinrich Mann, der 1877 Senator auf Lebenszeit und ab 1885 für das bedeutende Wirtschafts- und Finanzressort zuständig wurde. Für Thomas Mann eine *entrückte, auch gefürchtete, ungeheuer beschäftigte Respektperson* , (171) der er nicht nur Klugheit, Arbeitsfreude und Ambition, sondern auch Kultur, Eleganz und Humor attestierte. (172) Viktor Mann hob in der Lebensphilosophie seines Vaters vor allem seinen preußischen Pflichteifer, seine Zuverlässigkeit seine Pünktlichkeit und seine Exaktheit hervor. Sein Pflichtbewusstsein ging nach Viktor Mann soweit, dass er im Fiebertraum dem Senat seinen bevorstehenden Tod als Dienstreise angekündigt hatte. (173) Der Senator hielt die Zeiten, vor allem die Zukunfts-Aussichten, für schwierig und unerfreulich und das im 100. Jubiläumsjahr seiner alteingesessenen Firma. Er schrieb damals an seinen Sohn Heinrich, dass man in diesen unsicheren Zeiten ganz besonders auf seine eigenen Fähigkeiten und auf Bescheidenheit setzen müsse.(174)
Die selbstbewusste und unbekümmerte Frohnatur Julia, der Thomas Mann *Unterströmungen von Neigungen zum ‚Süden', zur Kunst, ja zur Bohème* für ihr ganzes Leben bescheinigte, (175) musste sich auch in der Ehe stark an ihren pflichtbewussten Finanzsenator anpassen, der sie noch nicht einmal morgens ausschlafen ließ: *Ich hätte das ja als junge Frau auch können und mögen, doch litt Papa es nicht, sondern rief mich so lange, bis ich aufstand, um ‚nach dem Rechten zu sehen', wie er sagte,* vertraute Julia ihrem Sohn Heinrich an, der ihre bürgerliche Existenz in Lübeck mit der einer Gefangenen verglich. (176) Frido Mann ging noch weiter und sprach von einer Zwangsehe. (177)
Nach Elisabeth Bruhns, der Tochter aus erster Ehe von Emma Bruhns, die nach dem Tod ihres ersten Mannes Julias Vater geheiratet hatte, ging es in dem Lübecker Haus des Senators Mann mehr als förmlich und steif zu, und der Vater war äußerst streng zu seinem Ältesten

Heinrich. Die charmante Julia musizierte dagegen viel und bedauerte, dass ihr Mann zu wenig Zeit für die Familie hatte und dabei war, sich für den Staat aufzuopfern. (178)
Ob Zwangsehe und nie recht befriedigte Lebenslust oder nicht, Viktor Mann sah seine Mutter trotzdem *als liebevolle Frau, die schöne, gütige und elegante Repräsentantin des großen Hauses.* (179) An der Oberfläche ja, da war die Anpassung gelungen, aber auch nur dort, die Gegensätze zwischen dem Ehepaar waren einfach zu groß und Julias Selbstbehauptungswille sicher zu stark. Wie sollte man sonst Julias Neigungen zur Bohème und die Zusammenfassung ihrer Lebenserfahrungen interpretieren: *Trotz allem Gutem, was ihr im Leben geworden, hat sie erkannt, daß sie ihre Mädchenjahre zu früh und zu leichten Herzens verließ.* (180)
Dass seine Kindheit behütet und glücklich war, bestätigte Thomas Mann, (181) und für den Jüngsten Viktor war Julia *bis ins Tiefste Mutter,* (182) vielleicht vor dem Hintergrund der Doppelanpassung als Mädchen an Lübeck und als Frau an die großbürgerliche Ehe mit dem Finanzsenator eine Flucht in diese mütterlich-liebevolle Rolle?
Wie auch immer: Nach dem frühen Tod ihres Mannes hielt es Julia nicht mehr in Lübeck, sie streifte ihre repräsentative Gesellschaftsrolle ein Stück weit ab und zog im Juni 1893 nach München, damals das „Isar-Athen" genannt.
München leuchtete. Über den festlichen Plätzen ... spannte sich strahlend ein Himmel von blauer Seide. ... Und auf den Plätzen und Zeilen rollt, wallt und summt das unüberstürzte und amüsante Treiben der schönen und gemächlichen Stadt. ... Lässigkeit und hastloses Schlendern in all den langen Straßenzügen. ... Man ist von Erwerbsgier nicht gerade gehetzt und verzehrt dortselbst, sondern lebt angenehmen Zwecken. ... Jedes fünfte Haus lässt Atelierfensterscheiben in der Sonne blinken. ... Und plötzlich ist irgendwo die Tür an einer allzu langweiligen Fassade von einer kecken Improvisation umrahmt, von fließenden Linien und sonnigen Farben, Bacchanten, Nixen, rosigen Nacktheiten. ... Die Kunst blüht, die Kunst ist an der Herrschaft. ... ein treuherziger Kultus der Linie, des Schmucks, der Form, der Sinne, der Schönheit obwaltete, soweit Thomas Manns Beschreibung Münchens in seinem „Gladius Dei". (183)
Die liberale Gräfin Fanny zu Reventlow lebte damals die „erotische"

Kultur der Frau vor und wandte sich von der rein emanzipatorischen Frauenbewegung ab. Schon zu Lebzeiten wurde sie als Madonna, freilich als heidnische, und als große Amouröse zur Legende. (184) Sekundiert von dem berühmt-berüchtigten Bild „Die Sünde" Franz von Stucks, einer barbusigen, langmähnigen Schönheit, nach der Erzählung „Gladius Dei" *ein Weib zum rasend werden.* (185)
Thomas Mann interpretierte diesen Umzug in einem Brief an Agnes E. Meyer vom 29. Juni 1939 so: Ihre Affinität zu Kunst und Bohème schlug *nach dem Tod ihres Mannes unter Änderung der Verhältnisse durch, was die prompte Übersiedlung nach München erklärt.* (186)
Dass die Senatorin Rodde im „Dr. Faustus" ein Abziehbild Julias ist, nicht nur nach ihrem Aussehen, sondern auch nach ihrer Herkunft, ihrem Stand und ihrer psychischen Verfasstheit, zeigt der betroffene Brief Viktor Manns an seinen Bruder Thomas. Ihn störte, dass er nicht genau wusste, ob hinter der Senatorin Rodde seine Mutter stand oder nicht, einen starken Anschein hatte es schon für ihn. (187) Thomas Mann wiegelte aber ab und behauptete, dass sie eigentlich nur durch die Töchter und ihre Übersiedlung nach München an Julia erinnerte. (188) Damit überzeugte er aber selbst seine Frau Katia nicht: *Wirklich das einzige Mal, dass sie im Roman auftritt, ungefähr wie sie war, ist in einer Nebenrolle, im Doktor Faustus, als Mutter der beiden Schwestern Rodde.* (189)
Mit ihrer *sinnlich-präartistischen Natur* (190) und mit ihrer *erotischen Präsenz*, gegen die sich nicht nur ihre Töchter, sondern auch Thomas Mann wendete (191), passte Julia Mann in die lockere, sinnenfreudige und auf Schönheit versessene Münchener Künstlerszene. Kein Wunder, dass sie unbekümmert am Fasching teilnahm, obwohl sie erst gut vier Jahre Witwe war, eine Haltung, die nach Thomas Mann die Lübecker Gesellschaft einigermaßen fassungslos aufgenommen hätte. Er dagegen stand dem bunten Treiben eher skeptisch gegenüber und schaffte es nicht, beim Fasching mitzutanzen, obwohl er sich nichts sehnlicher gewünscht hätte. Was blieb ihm, als verächtlich auf die Narren zu schauen? So sah ihn der Kritiker Theodor Lessing, der ihn beim Fasching beobachtete. (192) Im „swinging" München hielt Julia Hof und führte einen „Salon". Für Karl Ehrenberg, Musiker und Freund Thomas Manns, ein attraktiver Treffpunkt vor allem junger Künstler, die den Charme der hübschen Töchter Julia und Carla, aber

auch der Gastgeberin zu goutieren wussten. (193) Laut Katia Mann schwankten die jungen Gäste *eigentlich immer, ob sie den Töchtern den Hof machen sollten oder der Mutter. Und die Töchter litten ein bisschen darunter, dass die Mutter immer noch solchen Wert auf das Weibliche legte und Verehrer hatte.* (194) Mehr als verständlich, denn die Fotos Julias aus den Jahren 1894 und 1895 zeigen eine attraktive Frau mit schmalem Gesicht und dichten schwarzen langen Haaren, die zur Hochfrisur zusammengefasst waren. Volle dunkle Brauen über großen braunen Augen, eine schmale gerade Nase und ein eher voller Mund verstärkten den romanischen Typ. Thomas Mann spitzte die lebenslustige Weiblichkeit der Mutter im „Doktor Faustus" weiter zu: *Ihre Gesellschaften gab sie, so wollte sie es wahrhaben, im Interesse ihrer Töchter, vorwiegend aber doch, wie ziemlich deutlich war, um selbst zu genießen und sich den Hof machen zu lassen. Man unterhielt sie am besten durch kleine, nicht zu weitgehende Schlüpfrigkeiten, Anspielungen auf die gemütlich-unbedenklichen Sitten der Kunststadt, Anekdoten von Kellnerinnen, Modellen, Malern, die ihr ein hohes und zierlich-sinnliches Lachen bei geschlossenem Munde entlockten. Augenscheinlich liebten ihre Töchter, Ines und Clarissa, dieses Lachen nicht – sie tauschten kalt und missbilligende Blicke dabei, die alle Reizbarkeit erwachsener Kinder gegen das Unerledigt-Menschliche im Wesen der Mutter erkennen ließen.* (195)
Ob die Kritik von Julias Töchtern und von ihrem Sohn Thomas an ihrem sinnlichen Naturell zu ihrer Selbstzensur führte? Jedenfalls verkleinerte Julia Mann in dem Ölportrait von Baptist Scherer ihren Ausschnitt mit einer schwarzen Spitze. Ihr Sohn riet ihr allerdings ab, die delikaten Änderungen selbst durchzuführen. (196)
Doch dabei blieb es nicht: Die lebenslustige und sinnliche Julia vereinsamte mit zunehmendem Alter und entwickelte ein *fliehendes Lebensgefühl,* (197) das sie zu immer schnelleren Wohnungswechseln verleitete. Einem Wechselbad vergleichbar, das war Julias Annäherungsprozess an Deutschland: er führte von der weitgehend gelungenen Anpassung als Schulkind über die problembeladene Zwangsehe in das Aufgehen in der Münchener Bohème und von dort in Rückzug und Einsamkeit.

Interessant in diesem Zusammenhang ist auch das Verhältnis der Manns zu Brasilien. In dem „Bild der Mutter" bestätigte Thomas Mann 1930 zwar, dass seine Mutter aus Rio stammte, relativierte das aber sofort mit dem Zusatz, dass sie einen deutschen Vater hatte und distanzierte sich weiter mit dem Hinweis, dass sein Blut also nur zu einem Viertel mit südamerikanischem vermischt wäre. (198) Auch die ungenaue Ortsangabe „Rio" passte zu diesem Runterspielen seiner brasilianischen Wurzeln genauso wie seine 1926 geäußerte Meinung: *Rio de Janeiro, meiner Mutter Heimat, ist offenbar fabelhaft, aber ich muss es nicht gesehen haben.* (199) Ganz anders äußerte er sich dagegen im Dezember 1929 dem weltbekannten brasilianischen Historiker Sergio Buarque gegenüber, dem er einen starken brasilianischen Einfluss auf sein Werk bescheinigte. (200) Eine Einschätzung, die Thomas Mann im April 1943 in einem Brief an Karl Lustig-Prean, ein Mitglied der „Freien Deutschen Brasiliens und Hitlergegner", nochmals bestätigte. Seine brasilianische Mutter habe vor ihm öfter die Schönheit Brasiliens gepriesen und ihm viel darüber erzählt. Mehr noch: Durch Brasilien sei sein Künstlertum beeinflusst worden. Damit werde es höchste Zeit, das Land seiner Mutter zu besuchen. (201) Und im August 1943 erwähnte er wieder seinen brasilianischen Einschlag in einer Antwort an Lustig-Prean. (202)

Was gilt nun? Sicherlich beides, wenn man an Adornos Porträt Thomas Manns aus dem Jahre 1962 denkt, in dem er dessen Schwanken zwischen Extremen beschreibt und hinzufügt, dass seine eher blauen oder graublauen Augen in Erregungszuständen brasilianisch und das heißt schwarz aufblitzten. (203)

Ganz anders Heinrich Mann, der Mann des Südens, der sich in einen brasilianischen Diplomaten hineinträumen konnte: Bei einem Treffen mit einem brasilianischen Gesandten berichtete er diesem, dass seine Mutter aus Brasilien stamme. Als der Diplomat damit ihr spontanes gegenseitiges Verständnis erklärte, wurde ihm blitzartig klar, dass er vielleicht auch brasilianischer Botschafter hätte werden können, wenn seine Mutter dort geblieben wäre. Er konnte sich also in diese Rolle hineinsteigern. (204)

Und schließlich: Frido Mann erkundete seine brasilianischen Familienwurzeln und veröffentlichte eine entsprechende Roman-Trilogie bei „Nymphenburger", die zum großen Teil in Brasilien spielt.

VI
So weiß man, dass unser Glück gebrechlich, ein Zeitalter abgelaufen und gerichtet ist. (Heinrich Mann)
Entzauberung des Exils nach dem 2. Weltkrieg

‚Tout n'est pas bien, mais tout est passable'. Dies durfte er (Voltaire) *die nächsten anderthalb Jahrhunderte mit Recht wiederholen: nicht mehr heute.* (1) Ein bitteres Urteil über den Weltzustand gegen Ende des 2. Weltkrieges, das **Heinrich Mann** in seinem „Zeitalter" fällte. Und weiter: *Bereut wird nichts, man ist unwissend, ist nirgends so unwissend wie in moralischen Dingen,* das bezog er wohl vor allem auf Deutschland. (2) Nach seiner Meinung dachten die Deutschen *nichts; noch auf der tiefsten Stufe ihres Wandels überlassen sie die Verantwortung dem ‚Führer', und das sogar wäre für sie zuviel. Ihre armen Köpfe begreifen keine Verantwortung. Ihre Art von Verzweiflung ist die Indifferenz: seelenlos scheitern.* (3) Und das ganz im Gegensatz zum deutschen Widerstand, der *gutmachen* wollte, die *Schuld abtragen* wollte, eine Haltung, die Heinrich Mann *einfach gut* nannte. (4) Den Deutschen stellte er dagegen die Quittung aus: die Alliierten machten *Deutschland zum Abscheu der Welt* und hätten nicht *einen Funken Gefühl* für dieses Land. (5) Ja mehr noch: *Die Menschheit ... wird sie noch lange von sich weisen, sie zulassen nur mit Vorbehalt.* (6) Eine prophetische Voraussage der Nachkriegszeit.
Dieses Deutschland war natürlich nicht sonderlich an der Rückkehr der Emigranten interessiert: *Über die ‚Heimkehr' denke ich wie Sie; niemand ist gesonnen, sie uns leicht zu machen. Wenn meine Bücher, anstatt meiner Person, ins Land könnten, wäre viel gewonnen. Hier will man nichts von ihnen wissen, das bestätigt nur die anderen Symptome,* schrieb Heinrich an Alfred Kantorowicz. (7) Er fühlte sich Ende der vierziger Jahre boykottiert und glaubte, dass das Nachkriegs-Deutschland ihm die Schuld für sein Fehlverhalten in die Schuhe schieben wolle: *Ich schrieb im voraus, was aus Deutschland dann wirklich wurde. Man rechnet es mir an, als hätte ich selbst es angerichtet.* (8) Hellsichtig sah er, wie er mundtot gemacht werden sollte: *Schon haben in der Bundesrepublik öffentliche Umdeutungen dieses Werks* (von Heinrich Mann) *nach dem Muster, dass nicht sein*

kann, was nicht sein darf, eingesetzt: der ‚politische Moralist' wird in abstracto als großer Weiser, in politicis als großer Tor, menschlich als unversöhnlicher Hasser und einseitiger Parteigänger dargestellt. Nur die alte Maxime, Thomas Mann sei ein tieferer Denker als Heinrich Mann, verkneift sich diese Partei erneut vorzutragen mittlerweile noch. (9) Und sein Bruder Thomas stellte sich im Februar 1946 die Haltung der Deutschen zu dem „Zeitalter" folgendermaßen vor: *Man druckt es in Stockholm zur Zeit, und für mein Teil kann ich kaum erwarten, dass unsere Deutschen daheim es zu lesen bekommen. Natürlich werden sie beleidigt sein – wann waren sie es nicht?* (10) Oh ja, das waren sie, jedenfalls druckten die Westdeutschen im Gegensatz zu Ostberlin das „Zeitalter" erst Jahrzehnte später. Ganz im Stil der nur sehr zögerlichen Rezeption der übrigen Exilliteratur.

Die Entzauberung bezog sich für Heinrich Mann aber nicht nur auf das Deutschland der Nachkriegszeit, sondern auch auf Europa und die USA, ganz einfach deshalb, weil er die *Dummheit* für *kernfest* und international hielt. (11) *Die Welt glaubt an Europa nicht mehr,* schrieb er resigniert: *sein Glanz ist ausgelöscht, es steht auf gleich mit Exoten, wenn nicht unter ihnen. Dieser Weltteil wird in noch abzumessenden Zeiträumen nie wieder der führende sein. Wenn er sich allenfalls behaupten wird, dann nur, weil Amerika seinen ganzen Verfall nicht wünscht – und weil die Sowjetunion davorsteht.* (12)

Eine *Zeit des Verlassenseins und Vergessens,* das blieben die USA auch nach Ende des 2. Weltkriegs für Heinrich Mann: *Ich war hier nicht glücklich und ich habe, damit das Maß voll sei, meine Frau verloren, ... seither bin ich rasch gealtert. ... Ich werde bald 75 Jahre alt, und sie war es, die mich, trotz ihrer Depressionen und ihres armen kranken Kopfes, davor zurückhielt, mich zu isolieren. Nun ist es geschehen, unter dem Vorwand ihres Todes habe ich die Mehrzahl der Verbindungen fallenlassen, alles was an das äußere Leben band, und ich bedaure es nicht einmal,* vertraute er sich einem Freund Ende November 1945 in einem Brief an und fuhr fort: *Seit diesem Monat könnte ich meine Rechte auf Naturalisierung* (in Frankreich) *geltend machen. Doch wozu? Ich würde nicht nach Frankreich gehen.* (13) Seine Gründe, sich nicht wieder in Frankreich niederzulassen, lagen nicht etwa in dem Erlöschen seiner Liebe zu diesem Land, sondern vor allem in seiner Resignation und in seinem frischgebackenen Status als Amerikaner, der ihn für Frankreich in neuem Licht erscheinen ließ. Die Steigerung seines Unwohlseins in den USA der Nachkriegszeit lag ebenfalls am Tod Roosevelts kurz vor Kriegsende, der auch seinen Bruder Thomas stark beunruhigt hatte. Für ihn hielt die verstörte Welt mit diesem Tod den Atem an und erstarrte. (14) Dazu kam die mehr als dreijährige Verschleppung der Veröffentlichung seines „Zeitalter" durch den „E.P. Dutton-Verlag" in New York, die ihn so sehr verstimmte, dass er überhaupt nicht mehr in den Staaten verlegt werden wollte, ganz abgesehen davon, dass wegen der McCarthy-Aktivitäten ab 1947 nicht mehr an ein Erscheinen seiner Memoiren zu denken war.

Kurzum: er war in seinen letzten Jahren nicht glücklich, aber gefasst, wie aus seinem Brief an Carl Roessler vom 19. Juni 1946 deutlich hervorgeht: *Der Nachruhm berührt mich dereinst nicht mehr, so wäre alles in Ordnung und ich kann in Ruhe, nur für meine Schieblade vorläufig, noch ein paar Romane schreiben. Hierfür ist nötig eine tiefinnere Heiterkeit. Mit überlasteter Seele wird man es nicht können. Daran sehen Sie: verzweifelt bin ich nicht – habe einfach das Ärgste, das mir bestimmt war, hinter mich gebracht. Den Rest nehme ich hin.* (15) Dass er über seine eigenen möglichen Versäumnisse an der deutschen Tragödie nachdachte, verwundert bei ihm nicht: *Die Streichung der Menschenrechte; keines bleibt übrig, wo Sterben die erste Bürgerpflicht ist. Selbst aber sitzt man im Zimmer, ist alt, weise und wohlbehütet. Mir selbst macht es bange, obwohl, wem schulde ich Rechnung, und wofür? Unsichtbar, mir ins Ohr, fordert jemand sie dennoch.* (16)

Thomas Mann dagegen beschönigte in seinem „Bericht über meinen Bruder", den er zu dessen 75. Geburtstag im Jahr 1946 verfasste, die Situation Heinrich Manns: Er habe nicht nur den Tod seiner Frau überwunden, sondern auch seine Einsamkeit. Und glücklicherweise habe er nun eine Berufung zum ersten Präsidenten der neu gegründeten „Akademie der Künste" in Ostberlin erhalten: *Ich habe mir in die Lippe gebissen, als er schließlich in aller Sanftmut fragte: 'Warum lässt man eigentlich mich ganz in Ruh?' Und es war mir eine wahre Erleichterung, als jetzt endlich ein Ruf ihn aus Deutschland erreichte, natürlich aus der russischen Zone: Becher hat ihm geschrieben und ihm gemeldet, dass alles dort auf ihn warte. Nun, es war Zeit. Er wird kaum gehen; er ist, Gott weiß es, entschuldigt. Aber es schickte sich doch, dass man nach ihm verlangte.* (17) Da irrte Thomas Mann. Sein Bruder rang sich nach monatelangem Zögern dazu durch, doch nach Ostberlin zu gehen, obwohl er fühlte und wusste, dass dieses neue Deutschland nicht mehr das Seinige war. Kurz vor der Abreise starb er jedoch.

Nach Deutschland zurückkehren, das sollte **Thomas Mann** im August 1945. Der Dichter Walter von Molo hatte ihm damals einen offenen Brief mit der entsprechenden Aufforderung geschickt. Das Schreiben wurde von der „Allgemeinen Zeitung" in Berlin, von der „Hessischen Post" und anderen Zeitungen veröffentlicht. Wie reagierte Thomas Mann, der Mensch, der nicht fürs Exil geboren war, der insgesamt eine zwölfjährige „bewölkte" Exilzeit mit vielen Aufheiterungen hinter sich hatte, und den Marcuse und andere den *Kaiser* der Emigration genannt hatten? Er lehnte mit der Replik „Warum ich nicht nach Deutschland zurückgehe" ab. Dabei konzidierte er zwar, dass die Dagebliebenen auch schlimme Zeiten durchgemacht hatten, wies aber energisch darauf hin, dass sie die Entwurzelung des Exils mit den tragischen Folgen nicht gekannt hatten. (18) Daneben traten natürlich weitere Gründe, vor allem seine Überzeugung der völligen Wertlosigkeit der Bücher, die im Dritten Reich publiziert worden waren. Nach seiner Auffassung sollten sie alle besser eingestampft werden. (19)

Man hörte vor allem das „Nein", und die Polemik ließ nicht auf sich warten: Die Schriftsteller der „Inneren Emigration", an ihrer Spitze Frank Thieß, die ihre Haltung als eine Art Widerstand gegen die Diktatur anerkannt sehen wollten, begannen ihre feindselige Kampagne gegen Thomas Mann. Für den aber handelte es sich bei der „Inneren Emigration" um alles andere als um einen integren moralischen Protest: *Nun war über den Ofenhockern der Ofen zusammengebrochen, und sie rechneten es sich zu großem Verdienste an, ergingen sich in Beleidigungen gegen die, welche sich den Wind der Fremde hatten um die Nase wehen lassen und deren Teil so vielfach Elend und Untergang gewesen war.* (20) Dazu kam das störende Selbstmitleid der Deutschen, die nicht in der Lage waren, das Chaos und die Leiden in den Nachbarländern zu sehen. Nach seiner

Überzeugung konnte sich Deutschland nur im Rahmen eines gesunden Europas erholen. (21) Ganz abgesehen von deutschen Verdrängungswünschen, die er im Mai 1949 in seiner Rede in der „Wiener Library" in London kritisierte. Dort forderte er die Deutschen dazu auf, endlich ihre Wiedergutmachungs- und Erinnerungsarbeit zu leisten. (22) Auch dass deutsche Zeitungen damit begonnen hatten, seine Kinder Erika und Klaus als „Kommunisten" zu denunzieren, erhöhte nicht den Reiz, nach Deutschland umzusiedeln.

Und dennoch: Thomas Mann war zu Kooperation und Versöhnlichkeit bereit. In seiner "Botschaft an das deutsche Volk", die die „Frankfurter Neue Presse" am 24.Mai 1947 veröffentlichte, machte er den Deutschen Hoffnungen: *Man muss aber sagen, dass es nicht zu erwarten war, dass bloß zwei Jahre nach einer so furchtbaren Katastrophe, wie sie Deutschland erlitten hat, Deutschland schon wieder genesen würde. Aber ich hoffe und glaube, dass nach zwei, drei oder fünf Jahren der Horizont wieder heller sein wird und dass, dank der eingeborenen Tüchtigkeit und Lebenskraft, Deutschland an seiner Zukunft nicht zu verzweifeln braucht.* (23) Dass er auf seiner damaligen Europa-Reise Deutschland nicht besuchte, entfachte zusammen mit der „Botschaft" eine feindselige Pressekampagne: Manfred Hausmann verdächtigte ihn sogar in seinem Artikel „Thomas Mann sollte schweigen" am 28. Mai 1947 in der „Weser-Zeitung", er habe sich 1933 in einem Brief um seine Rückkehr nach Deutschland bemüht. Dabei hatte er nur die Rückgabe seines Eigentums gefordert. (24)

Ende Juli 1949 war es dann soweit: Thomas Mann machte nach sechzehn Jahren seinen ersten Deutschland-Besuch: ,*Die Rede Deutschland und die Deutschen', besonders aber auch der Roman vom Doktor Faustus, sollten alle Verständigen überzeugen, dass mein Herz bei Deutschland geblieben ist und dass ich am deutschen Schicksal gelitten habe wie einer. ... Ich bin auch als amerikanischer Staatsbürger ein deutscher Schriftsteller geblieben, treu der deutschen Sprache, die ich als meine wahre Heimat betrachte,* schrieb er in seiner damaligen „Botschaft an das deutsche Volk". (25) Am 25. Juli 1949 hielt er seinen Festvortrag zur Goethe-Feier in der Frankfurter Paulskirche. Dass er diese Rede auf Einladung des Staatsrates der DDR auch in Weimar hielt, war für ihn selbstverständlich: *Ich kenne keine Zonen. Mein Besuch gilt Deutschland selbst, Deutschland als*

Ganzem, und keinem Besatzungsgebiet. Wer sollte die Einheit Deutschlands gewährleisten und darstellen, wenn nicht ein unabhängiger Schriftsteller, dessen wahre Heimat, wie ich sage, die freie, von Besatzungen unberührte Sprache ist? (26)
Gar nicht selbstverständlich war das aber für Konrad Adenauer, für den Thomas Mann damals in die ‚Sowjetzone' gehörte, und die USA: Die „Library of Congress" sagte einen für April 1950 vorgesehenen Vortrag Thomas Manns ab, da die Stimmung für ihn nach seinem Besuch in der DDR nicht günstig war. *Möge das große und gute, nur überreizte Amerika mich nicht missverstehen. Ich hänge an ihm und meine es mit ihm herzlich gut. Ich erzähle niemandem, dass ich in Washington nicht sprechen durfte und betone nur, dass ich es in Chicago und New York getan habe,* schrieb er damals an seine amerikanische Vertraute Agnes E. Meyer. (27) Die aber erinnerte ihn an ihre Vorhaltungen, die sie ihm bereits wegen seiner Goethereise gemacht hatte. Sie hatte schon damals das dunkle Gefühl, dass er mehr auf Seiten Russlands als Amerikas stand. (28)
Thomas Manns USA-Bild hatte jedoch inzwischen tiefe Risse. Bereits kurz vor Kriegsende glaubte er nicht mehr an die Fähigkeit der Staaten und ihrer Alliierten, nach dem Kriege wirklich Frieden zu schaffen. (29) Im März 1948 protestierte er dann heftig gegen den amerikanischen Beschluss , die Zustimmung zur Errichtung eines jüdischen Staates zurückzuziehen. Entgeistert fragte er, warum ständig vorgegeben werde, die Demokratie zu verteidigen, wo doch tatsächlich die finsterste Reaktion – im gegebenen Fall die arabischen Ölscheichs – unterstützt würden. (30) Mit dem Gedanken an eine Rückkehr nach Europa zu spielen, begann er im August 1950. Am 18. August notierte er vor dem Hintergrund des sich steigernden Chauvinismus und der zunehmenden Verfolgung jedes Nonkonformismus in den USA in seinem Tagebuch: *Entziehung des Passes ziemlich sicher, wenn sie nicht generell wird für alle amerk. Bürger. ... Der Gedanke einer wiederholten Emigration spukt längst, und dies Tagebuch kehrt gewissermaßen zu seinem Beginn, Arosa 1933, zurück. Die Ablösung von Amerika müsste sehr leise und vorsichtig geschehen.* Kurze Zeit später, im April 1951, musste sich Thomas Mann gegen den Redakteur der Zeitschrift "Freeman" Eugene Tillinger verteidigen, der ihm prokommunistische Tendenzen

vorgeworfen hatte: *Ich bin kein Kommunist und bin nie einer gewesen. ... Dass aber für dieses Land, dessen Bürger zu werden mir eine Ehre und Freude war, der hysterische, irrationale und blinde Kommunistenhass eine Gefahr darstellt, weit schrecklicher als der einheimische Kommunismus; ja dass der Verfolgungswahnsinn und die Verfolgungswut, in die man verfallen und der sich mit Haut und Haar zu überlassen man im Begriffe scheint – dass all dies nicht nur zu nichts Gutem führen kann, sondern zum Schlimmen führen wird, wenn man sich nicht schleunigst besinnt, wollte bei dieser Gelegenheit ausgesprochen sein.* (31) Den endgültigen Ausschlag für seine Abwendung von Amerika gaben dann die politischen Probleme seiner Tochter Erika, die im Dezember 1950 ihren Einbürgerungsantrag wütend zurückzog und bissig kommentierte, dass der Nationalsozialismus sie zuerst aus ihrer erfolgreichen Kabarett-Karriere in Deutschland, später in Europa gedrängt habe. Der Höhepunkt sei aber jetzt in den Staaten erreicht, die sie ganz ohne eigene Schuld ruiniert hätten. (32)

Für Klaus Pringsheim wirkte der Aufbruch der Manns nach Europa im Juni 1952 *wie eine Flucht, weil Thomas Mann Angst hatte, dass man ihn in New York am Flughafen verhaften und es verhindern konnte, dass er das Land verlässt. Und Erika hatte dieselbe Angst. Der Kommunistenverdacht usw. ...* .(33)

Thomas Mann hatte sein Ziel erreicht. Er war in Zürich angekommen. *Poor old Europe zeigt sich sehr empfänglich für meine Wiederkehr*, bemerkte er am 1. Juli 1952 in seinem Tagebuch.

Einige Wochen vor Beginn des Nürnberger Prozesses hatte es **Erika Mann** als Journalistin geschafft: den Zutritt zu den „Big 52", den wichtigsten Repräsentanten des Nazi-Staates, die in dem luxemburgischen Mondorf-les-Bains einsaßen. Da waren sie alle: Göring, Papen, Rosenberg, Streicher, Ley einschließlich Keitel, Dönitz, Jodl und anderen, die Größen des Dritten Reiches - eingepfercht in einem ehemaligen Hotel. Da sie die Gefangenen nicht selbst interviewen durfte, erledigten das später Vernehmungsbeamte für sie, die natürlich fallen ließen, wer sie war. Die Nazi-Größen reagierten entsprechend entrüstet, besonders Ley, Rosenberg oder Streicher. Göring hingegen hätte ihr gern klar gemacht, dass er den Fall Thomas Mann ganz anders behandelt und ihn in das Dritte Reich integriert hätte. Sein Opportunismus lässt grüßen. Erika Mann kabelte ihren Artikel an den ‚London Evening Standard', der ihn auf der Titelseite groß herausbrachte. (34) Eine pikante Szene mit Streicher hatte sie allerdings ausgelassen, die Captain John Dolibois, der amerikanische Vernehmungsoffizier, der mit ihr die Runde durch die Zellen gemacht hatte, später in einem Gespräch mit einem Historiker ergänzte. Als sie die Zelle von Julius Streicher betraten, erkannte er sie sofort und ärgerte sich maßlos darüber, wie ein wildes Tier im Käfig angestarrt zu werden. Seine Antwort ließ nicht auf sich warten: Er riss sich höhnisch lächelnd die Hose herunter und zeigte seine Männlichkeit. Erika Mann kümmerte das wenig. Souverän streifte sie die Asche von ihrer Zigarette, kehrte ihm den Rücken und schlenderte langsam in den nächsten Raum. (35) Kein Schock also, aber ein Negativerlebnis, das für das Nachkriegsdeutschland charakteristisch sein sollte.

Hatte sie schon vor Kriegsende Deutschland immer wieder scharf kritisiert und beanstandet, dass es *keinerlei ‚gutes Deutschland'* gebe und alle *Hoffnungen auf deutsche Um- und Einkehr unerfüllt geblieben* seien, (36) legte sie nach dem Krieg nach. Sie zerpflückte vor allem die Kooperation der Sieger mit den Besiegten, mit den Repräsentanten der alten Macht. Dass die Umerziehung und Demokratisierung dabei weitgehend auf der Strecke bleiben musste, das versteht sich von selbst. Sie glaubte auch nicht, dass es genug Demokraten im Nachkriegsberlin gebe, für die es den Kampf lohne, äußerte sie dann auch in einer Rundfunkdiskussion zur Berliner Blockade. (37) Selbst in den Büchern der Grundschüler waren die nationalsozialistisch gefärbten Passagen nur überklebt worden. Nur zu verständlich, dass diese die Klebestreifen lockerten und die „zensierten" Stellen trotzdem lasen. (38) In ihren Artikeln über den „Nürnberger Prozess" für den Londoner „Evening Standard" schilderte sie fassungslos, dass die deutsche Kriegswirtschaft nicht zur Rechenschaft gezogen werde, wo doch ohne ihre Riesenhilfe keiner der zweiundzwanzig Angeklagten seine Verbrechen hätte begehen können. (39)

Natürlich löste sie damit scharfe Proteste aus: Hatten ihr schon die Sozialdemokraten wegen ihrer Journalistentätigkeit im 2. Weltkrieg Deutschlandfeindlichkeit vorgeworfen, tutete jetzt selbst Carl

Zuckmayer in dieses Horn, der 1943/44 für den amerikanischen Geheimdienst einen Report mit rund 150 Porträts von deutschen Intellektuellen verfasst hatte, die im Dritten Reich teilweise einflussreiche Positionen innehatten. Die Kommunistenvorwürfe in Deutschland kamen hinzu und erreichten ihren Höhepunkt mit dem Leitartikel „Vor einem neuen Novemberputsch? Erika Mann als kommunistische Agentin – Stalins 5. Kolonne am Werk" von Harry Schulze-Wilde in dem „Echo der Woche". Ein Beitrag, der Salonkommunisten wie den Mann-Kindern vorwarf, den kleinen Leuten die Demontage der Demokratie schmackhaft zu machen. (40)
„You can't go home again", der Titel dieses gemeinsam mit ihrem Bruder Klaus geplanten Buches über Deutschland und Europa nach Ende des 2. Weltkrieges kann als Programm für Erikas Charakterisierung Deutschlands nach Ende des Krieges dienen. *Im Nachkriegsdeutschland gab Erika Mann sich geschlagen,* eine treffende Einschätzung Irmela von der Lühes. (41)
Der FBI hatte bereits seit Anfang Juni 1940 ein Dossier über Erika Mann angelegt, eine Überwachung, die bis 1954 andauerte. Sie hatte offenbar dem FBI ihre Dienste angetragen, um eingeschleuste Nazis unter den Emigranten in New York zu enttarnen. Zeitweilig wurde für sie Telefon- und Postüberwachung angeordnet. In der vom FBI durchgeführten Befragung von ihren Bekannten bestätigten neun von vierzehn Befragten ihre Zweifel an Erikas politischer Loyalität und hielten sie für eine Sympathisantin des Kommunismus. (42) In ihrer 200 Seiten starken Akte wurde festgestellt, dass sie seit 1933 Agentin der Komintern in Berlin war. Im übrigen sei sie wie ihr Bruder sexuell anormal, sprich pervers. (43)
In der bekannten und populären amerikanischen „Town Meeting"-Sendung vom 9. August 1948 kritisierte Erika Mann sowohl die russische wie die amerikanische Politik rund um die Blockade Berlins und setzte sich damit endgültig in die Nesseln: Die Blockade sei ein Bruch des Potsdamer Abkommens, aber sie sei die Folge der Bildung der Westzonen mit gemeinsamer Währungsreform, die ebenfalls gegen den Geist des Potsdamer Abkommens verstoße, das ja von einem einheitlichen Deutschland ausgehe. Sie wurde daraufhin zur Agentin Stalins gestempelt. Genervt und entsetzt fragte sie sich, ob man wirklich zwangsläufig ein Loblied auf den unmoralischen und

verdammenswerten vor allem amerikanischen Imperialismus singen müsse, nur weil man den Totalitarismus verabscheue. Sie sah einfach nicht ein, dass man damals offenbar den Begriff Imperialismus aus seinem Vokabular tilgen musste, nur weil Stalin ihn verwendete. (44) Hatte sie noch 1946 zweiundneunzig Lecturer-Termine in den USA, wurde sie ab 1949 in dem „McCarthy-Land" boykottiert: *McCarthy hat das anders gemacht als die Nazis. Man wurde nie eingesperrt oder offiziell verboten. Das gab es gar nicht. Man wurde abgewürgt und aus und fertig. Man konnte nicht mehr. Die FBI kam einmal die Woche zum Verhör, und im übrigen konnte man nicht mehr auftreten,* kommentierte sie. (45) Nur zu erklärlich, dass sie im Dezember 1950 unter öffentlichem Protest ihren Einbürgerungsantrag zurückzog. Ihr war es zu bunt geworden, und sie hielt die Zweifel an ihrem Charakter nicht mehr aus. *Die Sieger über Hitler machten nach diesem Sieg aus den Flüchtlingen vor Hitler gefährliche Feinde; sie trieben neuerlich diejenigen in die Flucht, die einst vor Hitler geflohen waren,* bemerkte Irmela von der Lühe dazu. (46)

Erika war enttäuscht über die verpasste „Stunde Null", den Neubeginn, nach dem Ende des 2. Weltkrieges. Ihre Vision für die Welt, die sie im Mai 1943 entwickelt hatte, war verflogen: *Eine Welt, - eine einzige, mäßig große, die Raum hat für alle, doch nicht für alles. Und wofür nun einmal gewiss nicht? Das Wort ist flach und wir vermieden es lieber. Es ist unvermeidlich. Was hinter ihm steht, hat die Erde in Rauch und Flammen gehüllt und muss verfemt sein, nach den Gesetzen der neuen Welt. Es heißt: Nationalismus!* (47)

Thomas Mann registrierte in seinem Tagebuch am 21. Dezember 1949 *ihre Verbitterung und Reizbarkeit – Trauer, Neigung zum Hass u. zum Bruch mit allen. ... Problem der Trennung von uns, Erörterung unserer Rücksiedelung in die Schweiz.*

Hermann Göring schwitzte im Frühjahr 1945 bei seinem Interview in Augsburg, obwohl er im Schatten saß. *Schwitzend bat er den Interpreten, uns darauf hinzuweisen, dass er mit dem Führer schon seit geraumer Weile total verkracht gewesen sei. ... Die Konzentrationslager? Er hatte nie geahnt, was dort vor sich ging. Alles Himmlers Schuld! ... Der Reichstagsbrand? Hier wurde er fast schelmisch: ‚Ich hatte nichts damit zu tun!'* Auf die Frage, die ihm

Klaus Mann anschließend stellte – *auf deutsch natürlich, was ihn etwas zusammenfahren ließ,* antwortete er *mit größter Promptheit und besonderem Nachdruck: ‚Ja! Hitler ist tot. Unbedingt! Kein Zweifel!'*
(48) Ähnlich „ahnungslos" waren andere Prominente, die Klaus Mann damals als Sonderkorrespondent von „The Stars and Stripes", der Tageszeitung der US-Army, interviewte. Allen voran der berühmte Komponist Richard Strauss, dem seine Klage über drohende Einquartierungen von Flüchtlingen in sein Haus gegen Ende des Dritten Reiches wichtiger als alles andere war, von seiner jüdischen Schwiegertochter ganz abgesehen, die erwähnenswert fand, dass sie damals nicht mehr reiten durfte. Von Bedauern über die Nazi-Verbrechen keine Spur!
Am 20. und 21. Mai 1945 besuchte Klaus Mann Theresienstadt, das Vorzeige-KZ, und schrieb darüber in den „Stars and Stripes": *Eigentlich war Theresienstadt nichts anderes als ein herausgeputztes Konzentrationslager mit allen üblichen Praktiken des Schreckens. ... Die ständige, nervenaufreibende Angst vor diesen schrecklichen Transporten verfolgte und quälte die Menschen von Theresienstadt mehr als alles andere. Einem dieser Transporte zugeteilt zu werden, kam einem Todesurteil gleich. Denn meistens war das Ziel eine Gaskammer in Auschwitz oder eines der anderen Vernichtungslager. Keiner wusste, wann er an der Reihe sein würde. ... Hundertsechzigtausend Juden haben Theresienstadt seit 1940 passiert. Nur 3000 haben überlebt.* (49) Darunter seine Tante Mimi, die erste Frau seines Onkels Heinrich, *vom Fleisch gefallen, halb gelähmt. ... Eine Gerettete? Nein, ein Gespenst. Sie trägt das Zeichen.* (50)
Sein Urteil über Nachkriegsdeutschland fiel in einem Brief an seinen Vater vom 16. Mai 1945 entsprechend hart aus: Er hielt die Deutschen noch für Generationen moralisch und körperlich stark verkrüppelt und geschwächt. (51) Für ihn waren nicht die Nazis böse und die Deutschen gut. An diese von vielen genährte große Illusion klammerte er sich nicht und glaubte auch nicht, *dass Millionen von Deutschen sich unablässig wie Vandalen benehmen, nur weil Hitler sie dazu ‚zwingt.' ... Ich würde mich schämen, den Überlebenden von Lidice - soweit es welche gibt – zu sagen, dass die Deutschen im Grunde nette Burschen sind, die sich bloß von einer Handvoll Demagogen ein wenig irreleiten ließen.* (52) Die Deutschen, die er traf, hatten natürlich alle

nichts gewusst, Nazis? Das waren sie alle nicht. Sie verschanzten sich hinter der „Inneren Emigration", waren natürlich alle Demokraten und hatten plötzlich alle jüdische Vorfahren. (53) Und selbst sein ehemaliger Freund und Kollege aus der Zeit vor der Machtübernahme Erich Ebermayer schrieb ihm dreist, dass er im Grund wie Klaus Emigrant war, nur eben mitten in Deutschland. (54) Das hinderte ihn aber nicht daran, Emmy Sonnemann-Göring in ihrem Entnazifizierungsprozess zu verteidigen, und das hielt die Bundesrepublik nicht davon ab, ihm später das Bundesverdienstkreuz zu verleihen.

Der moralische Verfall Deutschlands spiegelte sich für Klaus Mann in der Zerstörung seiner Städte. Er notierte im Mai 1945 zum Beispiel über München: *München ist tot; die Stadt existiert nicht mehr. Was einmal als die schönste Stadt Deutschlands galt, als eine der attraktivsten Städte Europas, hat sich in einen riesigen Friedhof verwandelt. ... Im Zentrum ist kein einziges Gebäude stehen geblieben. ... Nur mühsam fand ich meinen Weg durch die einst vertrauten Straßen. Es war wie ein böser Traum.*(55)

Die Kommunistenvorwürfe aus den ausgehenden dreißiger Jahren kamen wieder hoch. Damals hatte der amerikanische „The Monitor" in dem Leitartikel „Abusing Hospitality" Klaus' und Erikas antifaschistische Haltung im Spanienkrieg in den Verdacht umgemünzt, sie seien bolschewistische Agitatoren. (56) Und Leopold Schwarzschild hatte Klaus im „Neuen Tagebuch" als Agenten der Sowjets bezeichnet, weil er nicht mit einem klaren „Ja" oder „Nein" Stellung zum deutsch-sowjetischen Nichtangriffspakt im August 1939 nehmen wollte. (57) Hatte schon in den ersten Nachkriegsjahren seine Ablehnung des niederländischen Indonesienkrieges zu Kommunistenvorwürfen geführt, weil in Holland nur die Kommunisten gegen diese Rückeroberung der alten Kolonien waren, holte das Münchener „Echo der Woche" im Februar 1948 zum entscheidenden Schlag aus und bezeichnete Klaus und Erika Mann als Stalin-Agenten. (58) Genau darum ging's: um die bedingungslose Unterwerfung unter ein „Entweder-Oder" im Kalten Krieg – mit den entsprechenden Verdächtigungen. Klaus Mann hat in seinem Romanfragment „The Last Day" die damalige Stimmung im Kalten Krieg nachgezeichnet: Ein Handlungsstrang spielt mit Julian Butler in New York, der andere mit dem kommunistischen Schriftsteller Albert Fuchs in Ostberlin.

Beide kämpfen für humanistische Ideale, beide vergebens. Beide sterben am selben Tag, Julian durch Selbstmord, Albert wird von russischen Soldaten erschossen. Julian wollte wegen des amerikanischen Atombombenabwurfs über Hiroshima sterben. Er hielt sein Land für verantwortlich, aber sich auch, obwohl er eigentlich nichts damit zu tun hatte. Er konnte den Druck aber nicht mehr ertragen und hielt die Kollektivschuld eben nicht für ein rein deutsches Reservat. (59)

Allzu logisch, dass er angesichts dieser Lage nicht nach Deutschland zurückkehren wollte, ganz zu schweigen davon, dass man ihn dort nicht freudig erwartete und ihm die Amerikaner sogar 1947, dank der McCarthys und Trumans, die Einreiseerlaubnis verweigert hatten.

Aber auch an die Paneuropa-Union, für die er schon 1927 geschwärmt hatte, glaubte er nicht mehr. Da standen der „Eiserne Vorhang" und der Kalte Krieg vor, notierte er im April 1946 in seinem Aufsatz „Paneuropa – jetzt?" (60) Allerdings: In dem letzten Kapitel seines „Wendepunktes", das er in den ersten beiden Februarwochen des Jahres 1949 geschrieben hatte, flackerte noch einmal Hoffnung auf: *Die Krise, deren universaler und permanenter Charakter immer deutlicher wird, die weltweite Dauerkrise also tritt in eine neue Phase ein. Nirgends steht geschrieben, dass der nun beginnende Abschnitt katastrophal verlaufen oder gar zur total- finalen Katastrophe führen müsse. Im Gegenteil, es ist eine ermutigende Konstellation, in deren Zeichen wir uns jetzt befinden. Das Bündnis zwischen Ost und West, zwischen Sozialismus und Demokratie, besteht noch, und es könnte von Dauer sein. Aus der Waffenbrüderschaft, die den zwei großen Rivalen und Antagonisten – Russen und Angelsachsen – von Adolf Hitler aufgezwungen wurde, muss die Zusammenarbeit im Dienste des Friedens werden: und wir sind gerettet!* (61) Ganz anders klang dann sein letzter Artikel „Europe's Search for a New Credo", den er im März 1949 abgeschlossen hatte und in dem er angesichts der Krise zum kollektiven Selbstmord der Intellektuellen aufrief, um die Welt zu alarmieren. (62)

Sein USA-Bild der Nachkriegszeit, das zeigte auch tiefe Risse: Nicht nur wegen der Entwicklung der zerstörerischen Atombombe, mit der man nach seiner Meinung so lange herumhantieren werde, bis man die ganze Welt in die Luft gesprengt habe, (63) sondern vor allem auch

wegen der giftigen Attacken McCarthys. Dass die Amerikaner alle die umbringen würden, die für Roosevelt und gegen Hitler gewesen seien, diese Überzeugung äußerte er gegenüber seinem Bruder Golo. (64)
Und die meisten seiner Nachkriegsprojekte scheiterten, das kam erschwerend hinzu: Die geplanten Filmprojekte über „Mozart" und den „Zauberberg" fielen ins Wasser, der „Last Day" blieb Fragment und das Theaterstück „Der Siebente Engel" fand kein Theater und keinen Verlag. Schlimmer noch: Sein „Mephisto" wurde trotz abgeschlossenem Verlagsvertrag nicht wieder gedruckt, und Fritz Landshoff vom „Querido"-Verlag hatte ihm mitteilen müssen, dass auch er in absehbarer Zeit wegen Finanzproblemen die älteren Bücher von ihm nicht nachdrucken und auch den gerade fertiggestellten „Wendepunkt" nicht herausbringen könne.
Für Golo Mann war sein Bruder nach dem 2. Weltkrieg seelisch krank. Er hatte alle Hoffnung verloren und konnte keine neue Rolle finden. Erschwerend kam hinzu, dass die Beziehung zu Erika lockerer geworden war und die Beiden keine gemeinsamen Projekte mehr realisierten. Eine traurige, aber nicht ganz zutreffende Einschätzung Golo Manns, (65) denn Klaus Mann fand am Ende die Kraft, mit seinem Freitod ein politisches Signal zu setzen.

Golo Mann verließ aus Abscheu vor den Taten und dem Benehmen der Siegermächte im Januar 1946 auf eigenen Wunsch die „Army". *Die Sieger taten mit Deutschland, was sie wollten: zuerst gemeinsam, dann mehr und mehr gegeneinander,* so beschrieb er die damalige Situation in seinen „Erinnerungen". (66) Besonders schockierte ihn das Ausmaß der Zerstörungen durch die alliierten Bombardierungen. Dazu kamen die McCarthy-Verfolgungen, mit denen er sich später in seinem „Vom Geist Amerikas" kritisch auseinandersetzte, und vor allem, *dass die Alliierten wohl den Krieg hatten gewinnen, aber keinen guten Frieden hatten machen können, weder in Deutschland noch anderswo* .(67)

Und die Deutschen in der Nachkriegszeit, wie verhielten sie sich zu ihrer Vergangenheit? *Viele schämten sich ehrlich; andere rhetorisch und in Grenzen; viele nicht. Diese fanden an Hitler nur die Niederlage falsch, nicht das, was zur Niederlage geführt und sie moralisch*

wohlverdient gemacht hatte, fasste Golo Mann die Situation zusammen. (68)
Dem Kanzler Konrad Adenauer warf er puren Pragmatismus vor, weil er sich um die Vergangenheit überhaupt nicht kümmerte, obwohl ihm das Dritte Reich persönlich übel mitgespielt hatte und er die Deutschen während des Nationalsozialismus verachtet hatte. Ja mehr noch, dass *er nur allzu geneigt war, den Dienern Hitlers zu verzeihen und die bürokratischen Könner unter ihnen aufs neue zu verwenden.* (69) Dass seine Politik der Westintegrierung die immer im Munde geführte Wiedervereinigung unmöglich machte, kam hinzu. Kurz, er kritisierte an Adenauer *eine gewisse Unehrlichkeit* in seiner Politik – nicht dem Westen gegenüber, sondern den Deutschen gegenüber, denen er versprach, was seine Politik nicht halten konnte. (70) Golo Mann rühmte aber auch zugleich die Erfolge der „Goldenen fünfziger Jahre", vor allem die wirtschaftlichen und die neu entstandenen menschlichen Beziehungen zwischen Deutschland und dem Westen sowie die „Wiedergutmachung" mit Israel. *Dies Schauspiel war fast zu gut, um wahr zu sein; und ganz wahr ist es auch nie gewesen.* (71) Eine Anspielung auf seine geäußerte Kritik.
Trotz dieser teilweise negativen Einschätzungen gegenüber den Alliierten ging er bis 1958 in die Staaten zurück.

Bereits in der ersten Nachkriegszeit fühlte sich **Michael Mann** durch die *frevlerische Herstellung* der neuen Atomwaffen bedroht. Die Beschneidung der politischen Rechte in den dunklen Jahren der McCarthy-Zeit engten auch ihn weiter ein und bestimmten zusammen mit der nuklearen Aufrüstung seine politisch kritische Einstellung gegenüber der USA. (72) Die Erinnerung an seine Verhaftung als ausländischer Spion 1942 in Kalifornien wird dabei sicher mit eine Rolle gespielt haben: Michael Mann war damals auf einem seiner langen Spaziergänge in der Nähe der „Golden Gate-Brücke" in ein Sperrgebiet der Army geraten und für eine Nacht festgenommen worden.
So wie in der Zeit des Dritten Reiches wurden seine Länderwechsel wiederum eher von persönlichen Gründen gesteuert. Er verließ im April 1949 wegen seiner Solistenkarriere die USA in Richtung Europa und konzertierte unter anderem in München und Zürich. Aber schon

1952 zog es ihn trotz seines kritischen USA-Bildes wieder dorthin zurück.

Das kalifornische Kinderparadies **Frido Manns** hatte durch seinen cholerischen Vater, den er *wie ein riesiges Kind mit völlig unberechenbaren und daher sehr anstrengenden, extremen Stimmungsschwankungen* erlebte, (73) und durch sein sich zumindest zeitweises Fremdfühlen Schaden erlitten. Dieser verstärkte sich nach dem Tod Roosevelts durch die zunehmende antikommunistische Hetze und die Gesinnungsschnüffelei im Land, ein Dauerthema in der Familie Mann, das schließlich zu ihrem Stimmungswechsel dem rettenden Amerika gegenüber führte. Der Kalte Krieg war 1948 schon soweit gediehen, dass in dem Paradies *Gedankenlose Kinderrufe nach einem Atombombenabwurf auf Russland* laut wurden. (74) Die Enttäuschungen saßen aber nicht so tief, um nach der Umsiedlung Frido Manns in die Schweiz sein wachsendes Heimweh verhindern zu können. (75)

Hitler und die Deutschen wurden für ihn der *Inbegriff des Bösen und des Lebensbedrohlichen.* (76) Seine Tante Erika hatte ihm von den Gräueln in den Konzentrationslagern erzählt und von den sich nach dem Krieg *als Unschuldslämmer und Märtyrer hochstilisierenden Mitläufern in der deutschen Bevölkerung.* (77)

Nach dem Schock von Rotterdam lernte er von Deutschland erst im September 1952 das zerstörte München kennen. Sein Verhältnis zu diesem Land blieb lange gespalten, trotz seiner Heirat in eine deutsche Familie und trotz seines Studiums in München und Münster und seiner Berufstätigkeit in Deutschland: *Aber innerlich richtig anfreunden konnte ich mich mit dieser Bundesrepublik nicht. Dies gelang mir erst zum Teil nach dem Fall der Berliner Mauer und der deutschen Wiedervereinigung. Denn ... es war eine Grundlage geschaffen für eine neue, auch politische Identität des wiedervereinten Deutschland im Konzert der europäischen und außereuropäischen Staaten.* (78)

Und die Schweiz? Bei dem ersten Besuch Frido Manns und seiner Familie bei den Großeltern mütterlicherseits im Sommer 1947 wurde die zwiespältige Rolle, die die Schweiz im 2. Weltkrieg gespielt hatte, nicht angesprochen. Dass er zunächst keinen Schweizer Dialekt

konnte und Hochdeutsch sprach, die Sprache der Nazi-Agressoren, beschämte seine Großmutter, verhinderte aber nicht, dass er sich in der Schweiz bei seinen Großeltern rundum wohl und geborgen fühlte. (79) Nach seiner endgültigen Umsiedlung in die Schweiz im April 1949, die allerdings durch einen längeren Österreich-Aufenthalt von März 1950 bis September 1952 unterbrochen wurde, versuchte er sich zu integrieren, sein Vater bezeichnete ihn dafür zynisch als *a little speassing,* als spießig. (80) Im Gegensatz zu der Schweizer-Idylle erlebte er Österreich unter der amerikanischen Besatzung als ein durch Krieg und Nazi-Zeit moralisch und physisch schwerstens geschädigtes Land. *Das ist ja genau so schön wie bei der SS,* rief ihm bei einem Sommernachtsseefest entzückt eine Frau zu, als das Feuerwerk den Himmel erhellte. (81)
Kurzum: In der Nachkriegszeit erhielt Kalifornien seine Schrammen, Deutschland löste Aversion und Ablehnung aus und Österreich war moralisch beschädigt. Einzig die Schweiz fungierte als einigermaßen sicherer Hafen.

In ihren letzten Lebensjahren vollzog **Julia Mann** mit ihrer Abwendung von der Münchener Bohème-Szene und ihrem immer radikaleren Rückzug in Einsamkeit und ein bescheidenes Leben eine komplette Kehrtwende: *Das Altern bereitete ihr sichtlich große Leiden, ... das Altern und Welken trug bei zu ihrem wachsenden Bedürfnis nach Zurückgezogenheit und Vereinfachung ihres Lebens, nach Einsamkeit,* schrieb Thomas Mann. (82) Für Golo Mann ist seine Großmutter sogar am Alter gescheitert. (83) Das ging bis zu ihrer Weigerung, an ihrem 70. Geburtstag einen alten Verehrer aus der Jugendzeit zu empfangen: *... als ein greiser Verehrer aus ihrer Tanzstundenzeit anfragte, ob er nach so langer Frist seinen alten Schwarm wiedersehen dürfe, da sagte Mama ihm sofort ab,* bemerkte Viktor in seinen Erinnerungen. (84) Neben dem Alter haben sicherlich auch die veränderten Lebensbedingungen in der Kriegs- und Nachkriegszeit, die Inflation, der Hunger und das Hamstern, dazu geführt, ganz sicher auch der Selbstmord ihrer Tochter Carla 1910. Ihr *fliehendes Lebensgefühl* steigerte sich zu einer *fast krankhaften Unstetheit.* Die Wohnsitze wurden immer schneller gewechselt, sie zog von einer kleinen Münchener Pension in die nächste, nach

München-Solln, nochmals nach Polling, dann wieder in irgendwelche andere Dörfer in der Nähe Münchens. *Hetzende Flucht* nannte Viktor ihr damaliges Leben, *man wusste nicht, wovor.* (85) Wirklich nicht? Hatte Viktor vielleicht die schwierige Anpassung Julias als Ehefrau in Lübeck vergessen? Und den Verlust der brasilianischen Heimat, an der sie ihr Leben lang hing? In einem Brief an Heinrich beklagte sie, nicht mehr ihre Muttersprache gebrauchen zu können. (86) Ihr Verkehr und ihr Verhalten in der Münchener Bohème-Szene zog die Kritik ihrer Kinder nach sich und wird ebenfalls nicht spurlos an ihr vorübergegangen sein. Diese heitere Welt ging dann allmählich durch Krieg und Alter unter. Was blieb waren Entwurzelung, Ruhelosigkeit und die Flucht in die Mutterrolle. Julia versorgte die Familie im 1. Weltkrieg von ihren Landaufenthalten so gut es ging mit Lebensmitteln. *Mama war vom ersten Schrei ihres Ältesten an, immer nur Mutter gewesen,* (87) bescheinigte ihr Viktor, und Thomas fand mehrmals bei seiner Mutter Ruhe und schrieb in ihrer Obhut fleißig an einem sehr persönlichen Aufsatz weiter. (88)

VII
Aufdrehen und dann mit Vollgas durch die Kurven, das war Erika Manns Motto. Später hieß es abbremsen, immer wieder abstoppen!
Nach der Entzauberung: Der letzte Aufbruch

Erst auf dem Totenbett gelang **Julia Mann** die Rückkehr zu ihrer alten Würde, zu einer gewissen Ruhe und Selbstfindung, jedenfalls wenn man dem Bericht Viktor Manns folgt, nach dem *die unstete Flucht der letzten Jahre, das unnötig und peinigend Entwurzelte* dahin war, und die *liebenswerte Würde und Sicherheit, all das Noble, das jedermann immer an Mama bewundert hatte,* wieder da war. (1) Dabei sprach Julia ihre letzten deutschen Sätze mit portugiesischem Akzent: *Und nun, beim Sterben, war der Klang von ‚drüben', vom bunten Sonnenland, wieder da,* schrieb Viktor gerührt in seinen Erinnerungen. (2) Die alte Heimat leuchtete in Julias Vorstellung wieder auf, der „Exilierten" war offenbar eine versöhnliche „Rückkehr" gelungen.

Nach dem Tod seiner von ihm hoch geschätzten Frau Nelly publizierte **Heinrich Mann** über ein Jahr nichts mehr. Er hatte es vorgezogen, mindestens bis 1946 für die Öffentlichkeit zu schweigen und nur noch für sich zum Zeitvertreib zu schreiben. Er spreche mit sich selbst, beklage sich aber nicht über seine Isolation, vertraute er Ende Dezember 1945 Klaus Pinkus an. (3) Emigrierte er also erneut, diesmal in sich selbst? „Der Atem", sein 1946/47 geschriebenes Werk legt das nahe: Er schien damals für sich selbst zu schreiben. Jedenfalls ist es oft für den Leser sehr schwierig, ihm zu folgen: Personen werden eingeführt, ohne identifiziert zu werden, und bei manchen Dialogen weiß man nicht, wer spricht. Er wusste es ja, das musste genügen, der Leser und die Welt waren weit weggerückt. In der letzten Szene des „Atem" herrschen Stille und Dunkelheit, die Welt erscheint paralysiert wie nach dem Ausbruch einer Katastrophe, und die Menschen sind erschöpft und verstummen. Dieses letzte Stimmungsbild im „Der Atem" scheint seine erneute Emigration, seinen „inneren Rückzug" zu bestätigen. (4)

Aber die Welt meldete sich doch noch bei ihm: 1947 wurde ihm der Ehrendoktor der Ostberliner Humboldt-Universität und 1949 der Nationalpreis der DDR verliehen. Er akzeptierte auch im Frühjahr 1950 die Präsidentschaft der Ostberliner „Akademie der Künste". Ein Plan, der wegen seines Todes am 12. März 1950 nicht mehr zustande kam. Ob ihn diese Berufung in das Leben zurückgeholt hätte? Das muss bezweifelt werden. Sein Bruder Thomas vermerkte jedenfalls am 11. November 1949 dazu in seinem Tagebuch: *Lebensauftrieb oder beschleunigtes Ableben? Dunkle Angelegenheit. Denke nicht aufrichtig daran, ihn in Berlin zu besuchen, was ebenfalls dunkel ist.* Mit Sicherheit hätte es sich nicht um eine freudige Rückkehr in die Heimat gehandelt, da war sein negatives Deutschlandbild vor.
Eher kann man für die Nachkriegszeit von einer zusätzlichen „Doppelemigration" sprechen, in den Rückzug auf sich selbst und in Gedanken nach Ostberlin.

Dennoch ist es eine seelische Tatsache, dass ich mir, je länger ich dort lebte, desto mehr meines Europäertums bewusst wurde, und trotz bequemster Lebensbedingungen ließ mein schon weit fortgeschrittenes Alter den fast ängstlichen Wunsch nach Heimkehr zur alten Erde, in der ich einst ruhen möchte, immer dringender werden, kommentierte **Thomas Mann** seinen Amerika-Aufenthalt und fuhr fort: *... ich will nur zugeben, dass ähnlich wie im Jahre 1933, das Politische nicht unbeteiligt war an diesem Entschluss. Eine unglückliche Weltkonstellation hat Veränderungen in der Atmosphäre des so begünstigten, zu ungeheurer Macht aufgestiegenen Landes hervorgebracht, die wohl als bedrückend und besorgniserregend empfunden werden können.* (5) Die ersten Prozesse wegen „unamerican activities" wurden im September 1947 gegen Hans Eisler und einen Monat später gegen Bertold Brecht geführt. Und auch Thomas Mann wurde wie seine Kinder prokommunistischer Tendenzen beschuldigt.
Dass er von *Heimkehr* sprach ist nur zu verständlich, wenn man sich an seine fünfjährige weitgehend stimmige Vorkriegs-Zeit in der Schweiz erinnert. Dieses Land war für ihn zu einem vertrauten Ort geworden, in dem er glücklich gelebt hatte. (6) Genau dieses Lebensgefühl hatte er sich in seinen fünfzehn USA-Jahren immer zurückgewünscht. (7) Und diese ersehnte Rückkehr wurde durch

zahlreiche Ehrungen und Anerkennungen vergoldet. Besonders durch die Verleihung des Offizierskreuzes der französischen Ehrenlegion im Dezember 1952: Ein Orden, der ihm wegen seines außergewöhnlichen literarischen Werkes von weltweiter Geltung und seines unermüdlichen antifaschistischen Engagements von Frankreich verliehen worden war. (8) Nie habe ihm eine Ehrung solche Freude gemacht, schrieb er an den Außenminister Robert Schumann und trug die kleine rote Rosette des Ordens immer im Knopfloch. (9) Noch bis kurz vor seinem Tod im Jahr 1955 kamen weitere wichtige Ehrungen hinzu: Die Ehrenbürgerschaft von Lübeck, die Ehrenmitgliedschaft der „Deutschen Akademie der Künste" in Berlin, die Festschrift „Hommage de la France" zu seinem 80. Geburtstag, in der u.a. Robert Schumann, Albert Camus, Pablo Picasso und Albert Schweitzer vertreten waren, oder die Einladung zur Festrede für die Schillerfeier am 8. Mai 1955, in der er nach Theodor Heuss fürsorgliche und mitfühlend-mahnende Worte an das Gewissen der Zeit und der Deutschen gerichtet hatte. (10)

Die versöhnliche Rückkehr war nicht nur in die Schweiz, nach Frankreich und Europa gelungen, sondern auch nach Deutschland. Von dem Bundespräsidenten Heuss wurde er jedenfalls als moralischer Mahner angenommen.

Thomas Mann musste in seiner letzten Lebensspanne nach Leistung ringen, ohne die ausreichende Kraft zu haben. (11) Diesen bedrückenden Zustand hatte aber seine Familie damals nicht begriffen: *Die Angst, die er ausgestanden hat, er könne nicht mehr schreiben, das haben wir nicht mitgekriegt. Er hat ja außerdem, obwohl er Zweifel an sich hatte, noch Vieles und sehr Schönes geschrieben. Bis fast ganz zum Schluss. Aber die Tragik des Gegensatzes, dass er innerlich fertig war und äußerlich auf dem Gipfel des Erfolgs, das haben wir so nicht verstanden*, vertraute seine Tochter Elisabeth später dem Filmemacher Breloer an. (12)

Adjudantin, Sekretärin, Biographin, mit einem Wort die rechte Hand sollte **Erika Mann** für ihren Vater werden und damit bis auf weiteres bei ihren Eltern leben. So wurde es zumindest im Februar 1948 verabredet.(13) Der „Spiegel" ernannte sie am 1. August 1956 zum Protokollchef ihres Vaters und bescheinigte ihr eine wahre

Nibelungentreue. Ihr Job umfasste eine Menge: die Aufsicht bei den Verfilmungen der Werke ihres Vaters, bei den „Buddenbrooks" und beim „Felix Krull" sogar bis hin zur Abfassung der Drehbücher. In „Königliche Hoheit" spielte sie sogar selbst mit und übernahm die Rolle der Oberschwester Amalie. Daneben war sie für die Kürzungen der Vorträge und Manuskripte ihres Vaters verantwortlich, darin war sie Meisterin. Ihre zahlreichen Managementaufgaben wie die Mitorganisation der Schillerfeiern zu dessen 150. Todestag, zu denen Thomas Mann nach Stuttgart und Weimar eingeladen worden war, oder die Pressekontakte kamen hinzu. Kritik am Werk oder an der Person ihres Vaters ließ sie nicht zu, die war ausgeschlossen. Und trotzdem: Die Aufgabe schien sie nicht wirklich zufrieden zu stellen, wie aus einem Kommentar ihrer Mutter hervorgeht, die meinte, nur eine ihrem großen Talent entsprechende Aufgabe könne ihre Tochter aus ihrer Bitterkeit befreien. (14) Sie kam sich damals wie eine Nachlasseule vor und fühlte sich zu ihrem 60. Geburtstag 1965 wie eine alte Frau. (15)

Daneben setzte sie sich für Klaus Manns Werk ein, von dem bis 1963 lediglich der „Wendepunkt", der „Vulkan", die „Symphonie Pathétique" und „Vergittertes Fenster" erschienen waren. Der „Mephisto" wurde damals in der Bundesrepublik noch nicht verlegt: Ganz im Gegensatz zur DDR, die den „Mephisto" bereits 1956 herausgebracht hatte. Die Bundesrepublik folgte erst knapp zehn Jahre später, ein Versuch, der im Februar 1971 in dem endgültigen Verbot des Buches durch das Bundesverwaltungsgericht gipfelte. Gekauft werden kann es glücklicherweise trotzdem. Auch in ihrem Vortrag „Intellectuals" setzte sie sich für ihren toten Bruder ein: sie folgte praktisch wörtlich dessen letztem Essay „Die Heimsuchung des europäischen Geistes", in dem er zum kollektiven Selbstmord der Intellektuellen aufgerufen hatte, um die Welt zu alarmieren und gegen das Blockdenken des Kalten Krieges zu aktivieren, das in blinder Stalingläubigkeit und in giftigem Antikommunismus erstarrt war. Glaubte sie an den Selbstmord-Aufruf? Das Publikum musste das wohl annehmen, da sie ja ihrem Bruder ihre Einblicke in das Weltgeschehen verdankte, wie sie einleitend feststellte. (16)

Nicht verwunderlich, dass ihre eigenen Werke bei diesem Einsatz zurückstehen mussten: „I of all People", ihren autobiographischen

Erfahrungsbericht über zehn Jahre Exil, konnte sie beispielsweise nicht fertigstellen. Sie hatte bei ihrem negativen Weltbild sowieso die Lust verloren, für Erwachsene zu schreiben. Ihre Reisen der „Zugvögel" wurden dann auch zu einem kindgemäßen Gegenbild zu der hemdsärmeligen Welt des Wirtschaftswunders, die damals begonnen hatte, sich zu etablieren. Ihr kleines Buch über das letzte Jahr ihres Vaters „Mein Vater, der Zauberer", das 1956 erschien, betont dessen Humor, Bescheidenheit und Güte. In den von ihr herausgegebenen Briefen Thomas Manns fehlten die Briefe mit Hinweisen auf die homosexuellen Neigungen ihres Vaters und die über ihren Streit wegen seines Schweigens zu Nazi-Deutschland vor 1936. Kritik sollte ja auch vermieden werden.

Im Gegensatz zu so vielen anderen Manns, die unter dem Schatten des Zauberers litten und gegen ihn ankämpften oder anschrieben, hatte er auf sie keinerlei einschüchternde Wirkung. Im Gegenteil: sie schrieb und engagierte sich für ihn, und viele Aktionen realisierten sie gemeinsam wie ihren großen Friedensappell der westlichen Intellektuellen, den sie kurz vor seinem Tod als Warnung vor dem Atomkrieg organisieren wollten.

Und dennoch: Ihre Schwester Elisabeth fasste ihren damaligen Zustand treffend zusammen: Erika war für sie hassverzehrt *bezogen auf gewisse Menschen, und natürlich auch gegen die Deutschen. Sie war – wir haben schon davon gesprochen – eine leidenschaftliche Hasserin. Und sie war wohl damals auch auf mich nicht gut zu sprechen* .(17) Eine Einschätzung, die ihr Neffe Frido bestätigte: *Erika hat ihre kritische, ja feindselige Haltung zu Deutschland, insbesondere Westdeutschland, bis zu ihrem Tod nie aufgegeben.* (18)

Groll gegen die Welt, Hass gegen Deutschland, eine im Grunde unbefriedigende Rolle als Agentin ihres Vaters und zu wenig Zeit für ihre eigenen Projekte: das konnte sie innerlich nicht akzeptieren. Ihr Nachkriegsaufenthalt in der Schweiz war damit keine versöhnlich-harmonische Zeit. Sie muss sich vielmehr wie im „Exil" gefühlt haben. Das lässt sich auch aus Thomas Manns Tagebuch-Notizen vom 29. Juli 1950 schließen: *Ihre oft betrübliche Exaltiertheit gegen ‚Feinde'. ... Sie verträgt viel Alkohol, aber auch wieder nicht u. macht K(atia), an der sie mit soviel Fürsorge u. Eifersucht hängt, oft das Leben schwer.*

Während die Zivilisation zusammenkracht unter dem Ansturm einer aufs modernste ausstaffierten Barbarei, was bleibt dem Intellektuellen, dem Künstler zu tun, als der allgemeinen Verstörtheit und Qual Ausdruck zu geben? fragte **Klaus Mann** verzweifelt in seinem letzten Essay im März 1949 und fuhr fort: *Eine Welt von Alpträumen, die Welt von Auschwitz und die der ‚comic strips', die Welt der Hollywoodfilme und des bakteriologischen Krieges – ist jenseits aller Beschreibung und Vernunft.* (19) Nicht mehr darstellbar, so war diese verrückte bipolare Welt für ihn, in der der Kampf zwischen den beiden Riesenmächten, der kapitalistischen USA und der kommunistischen UDSSR, tobte. Was blieb ihm dann als Konsequenz? Ihm als Schriftsteller und Intellektuellen, der ja der Verstörtheit der Menschen und ihrem Leid Ausdruck zu geben hatte? Im Grunde nur sein Aufruf zum Selbstmord der Intellektuellen, der die Welt aufrütteln sollte: *Hunderte, ja Tausende von Intellektuellen sollten tun, was Virginia Woolf, Ernst Toller, Stefan Zweig, Jan Masaryk getan haben. Eine Selbstmordwelle, der die hervorragendsten, gefeiertsten Geister zum Opfer fielen, würde die Völker aufschrecken aus ihrer Lethargie, so dass sie den tödlichen Ernst der Heimsuchung begriffen, die der Mensch über sich gebracht hat durch seine Dummheit und Selbstsucht.* (20)
Marcel Reich-Ranicki, der Papst unter den Literaturkritikern, sieht das allerdings ganz anders: *Das Ende in Cannes war kein politischer Todesfall, Klaus Mann starb zwar im, aber nicht am Kalten Krieg. ... Dieser Selbstmord war die unvermeidliche Folge seines ganzen Lebens,* das Reich-Ranicki so begriff: *Er war homosexuell. Er war süchtig. Er war der Sohn Thomas Manns. Also war er dreifach geschlagen.* (21) Eine kategorische Ablehnung seines Freitods als politische Geste. Mit seiner Drogenabhängigkeit war er geschlagen, das ja. Aber Reich-Ranicki hat übersehen, dass Klaus Mann eine „natürliche" Einstellung zu seiner Homosexualität entwickelt hatte und davon überzeugt war, dass die homosexuelle Liebe nicht besser , aber auch nicht schlechter als die Liebe zwischen Mann und Frau ist und dass sie über ebensoviel Chancen und Möglichkeiten verfügt. (22) Und in seinem Tagebuch steht dazu unter dem 4. April 1933 : *Begriff der ‚Sünde' - unerlebt. Ursache: ausgelebt, ... Rausch (sogar*

Todesrausch) immer als Steigerung des Lebens, dankbar akzeptiert.
Nicht beachtet hat Reich-Ranicki auch, dass der Schatten des Vaters spätestens nach Klaus Manns Erfolgen mit dem „Mephisto" 1936 und dem „Vulkan" 1939 eigentlich nicht mehr belastend für ihn war, keinesfalls aber todesbedrohend. Sein Vater hatte ja den „Mephisto" als brillantes Buch anerkannt und seinem Sohn nach dem „Vulkan" bescheinigt, dass er mehr kann als die Meisten. (23)
Das hinderte Heinrich Breloer und Horst Königstein aber nicht, Reich-Ranicki in ihrer Fernsehtrilogie über die Manns kritiklos zu folgen: Von Klaus Manns politischer Bedeutung keine Spur. Dafür wird seine Homosexualität groß herausgestellt, vor allem die Affäre mit dem Sailor Harold. Im übrigen erscheint er als drogenabhängig, gescheitert und ausgebrannt – und das ganz im Schatten seines Vaters.
Ganz anders der bekannte Germanist Hans Mayer, für den es sich um einen politischen Todesfall handelte und der davon überzeugt war, dass Klaus Mann in und am Kalten Krieg gestorben war. (24)
Und wie sah seine Familie seinen Suizid? *Er starb gewiss auf eigene Hand, und nicht, um als Opfer der Zeit zu posieren. Aber er war es in hohem Grade,* schrieb Thomas Mann 1950. (25) Für den Vater war sein Tod also keine politische Geste, er „posierte" ja nicht als Opfer und protestierte damit nicht aktiv gegen den Zeitgeist, sondern die katastrophale Weltlage begünstigte seinen Tod, ganz ohne politische Instrumentalisierung. Dazu kam sein Todestrieb, der nach Thomas Mann bei ihm wie bei seinen Tanten Carla und Lula angeboren war. (26) Seine Schwester Erika bestätigte die Todessehnsucht und glaubte, dass seine damaligen Depressionen so stark waren, dass er trotz seiner eigentlichen Besonnenheit nicht mehr wusste, was er warum tat. (27) Erstaunlich, dass auch sie die politische Dimension herunterspielte. Für seine Geschwister Golo und Elisabeth war der Todestrieb ebenfalls ausschlaggebend. (28) Monika Mann dagegen hatte eine eher kuriose Erklärung: *Klaus musste jung sein. Klaus als gesetzter Weißhaariger mit Bauch und Brille ist nicht vorzustellen. Er hat schon sehr gelitten, überhaupt älter zu werden. Er war ja ein bisschen ein Narziss; er erlebte sich als jungen Menschen, weil er wirklich sehr, sehr schön war. Eine Art von Engel war er als ganz Junger. Und er hat es nicht verschmerzt, dass das nicht so geblieben ist.*(29)
Die Drogensucht, sein Geldmangel, der Todestrieb, seine damalige

Schreibhemmung, die abgekühltere Beziehung zu seiner Lieblingsschwester Erika, seine gescheiterten Projekte, der Verlust seiner Antifaschistenrolle und die Unmöglichkeit, eine Aufbaurolle in Deutschland zu übernehmen, alles das wirkte mit, da hat Uwe Naumann, der Herausgeber des großen Klaus Mann Katalogs „Ruhe gibt es nicht bis zum Schluss" sicherlich recht. (30) Alle diese Faktoren haben aber nur mitgespielt, den Selbstmord als politisches Signal möglich zu machen.

Klaus Mann muss seinen Freitod so verstanden haben, dafür gibt es neben seinem Aufruf zum kollektiven Selbstmord weitere Belege: Einmal in seinem Fragment gebliebenen Roman „The Last Day", der die Idee des politisch begründeten Selbstmords propagiert: Julian begeht in New York Selbstmord, weil er an der Vergeblichkeit seines Kampfes für humanistische Ideale verzweifelt: *And suddenly he knew that he had to die. He knew, that he wanted to die. ... How simple it was! ... This sudden certainty – that he wanted to die – filled him, ... moved him, ... like a wave of joy, a triumph. He felt strong. ... Absolute despair - he realized – had tremendous power, a dynamic impact. It could be organized, exploited, could be made an argument of irresistible persuasiveness. ... A man who has given up hope becomes invincible.*(31) Dann seine Tagebucheintragung vom 1. Juli 1943, in der er den Selbstmord als politische Zeichensetzung für möglich hielt. Mitbetrachtet werden muss natürlich sein allmählicher Auszug aus dem Elfenbeinturm der zwanziger Jahre, sein anschließendes lebenslanges politisches Engagement, sein antifaschistischer Kampf, sein Einsatz für Europa, seine Sehnsucht nach einer Aufbaurolle nach dem 2. Weltkrieg und nicht zuletzt seine stellvertretende Schuldübernahme an den Nazi-Gräueln für das deutsche Volk: *Aber dies unselig problematische, schuldbeladene Volk, gehöre ich nicht zu ihm? Ich fühle mich mitschuldig.* (32)

Klaus Mann war also Opfer und Täter zugleich und emigrierte am 21. Mai 1949 in den Selbstmord – als politische Zeichensetzung.

Ungeachtet der negativen Seiten, die **Golo Mann** in den USA der Nachkriegszeit und an Adenauer-Deutschland sah, ging er als Geschichtsprofessor in die Staaten zurück und übersiedelte 1958 nach Deutschland, zunächst als Historiker an die Universität Münster, dann von 1960 bis 1965 an die Technische Hochschule Stuttgart. Das erstaunt eigentlich nicht, wenn man an seinen eher unbeteiligten Beobachterstatus aus den dreißiger Jahren denkt. Seine Schwester Erika hätte vielleicht ihr früheres Urteil über ihn wiederholt: *Golo ist Historiker und deswegen ein hervorragender Kenner der Geschichte, aber von Politik weiß er nicht viel.* (33)

Golo Mann hatte als Ordinarius in Stuttgart große Probleme, einmal mit den Studenten, zu denen er die Distanz nicht abbauen konnte, aber vor allem mit seinen Kollegen, die ihn wegen seiner unpopulären Auffassungen zu den deutschen Ostgrenzen heftig anfeindeten und so stark gegen ihn intrigierten , dass er seinen Lehrstuhl aufgab. Er unterzog sich damals in einer Freiburger Klinik einer antidepressiven Schlafkur. (34) In die Stuttgarter Zeit fiel auch 1963 sein gescheiterter Ruf an die Universität Frankfurt. Nach seiner Meinung hatten ihm Max Horkheimer und Theodor W. Adorno Antisemitismus unterstellt und ihn auch wegen seiner Homosexualität als Professor abgelehnt. Noch Jahrzehnte später beschimpfte und beleidigte er die Beiden deshalb und erntete damit nur scharfe Kritik. (35)

Er unterstützte bis 1973 Willy Brandt und dessen Ostpolitik, wurde sein Berater und schrieb Reden für ihn. Dass er sich dann von ihm abwendete, hing mit der angeblichen Passivität Brandts gegenüber kommunistischen Infiltrationsversuchen in der SPD zusammen. Im „Deutschen Herbst" forderte er dann neue Antiterrormaßnahmen und ging im April 1977 soweit, dass er vor dem Hintergrund der Schleyerentführung die Hinrichtung von Terroristen ansprach. Was er auslöste, war empörte Kritik. Franz Josef Strauss jedoch bekundete Beifall, mit der Konsequenz, dass sich Golo Mann im Wahlkampf von 1980 für ihn engagierte. Die satirische Zeitschrift „Titanic" und der „Stern" heulten auf und kritisierten ihn gnadenlos als angepassten Abnicker. (36)

Damals lebte er schon in der Schweiz und hatte 1968 die Schweizer- und 1976 die deutsche Staatsangehörigkeit angenommen. Bleibt die Frage, ob Frido Mann mit seinem Urteil Recht hat, dass sich sein Onkel Golo *bald nach dem Tod seines Vaters nicht nur kulturell, sondern, als einziger, auch politisch um eine versöhnliche Rückkehr in die neue provisorische westdeutsche Teilrepublik* bemüht hatte. (37) Bemüht ja, da ist Frido Mann zuzustimmen, schließlich hat Golo Mann sich ja durch sein politisches Engagement für die

Bundesrepublik mit der deutschen Sache identifiziert, hat die deutsche Staatsangehörigkeit angenommen und die letzten zwei Jahre vor seinem Tod in Leverkusen im Hause seines Adoptivsohnes verbracht. Er ist also zurückgekehrt, aber durchgehend versöhnlich und ganz ohne Probleme ist dieser Prozess nicht verlaufen.

Für den kompromisslosen Pazifisten und Antifaschisten **Michael Mann** verdunkelte sich das Amerika-Bild mit dem Vietnam-Krieg und der Präsidentschaft Lyndon B. Johnsons, die durch diesen Konflikt geprägt war, weiter. *Hey, hey LBJ, how many kids did you kill today,* lautete einer der Demonstrationsslogans Ende der sechziger und Anfang der siebziger Jahre. Johnson wollte wie schon Harry S. Truman mit diesem Engagement den Kommunismus eindämmen. Michael Mann empörte sich am 25. April 1967 in einem Brief an seine Mutter über den Krieg und den *völligen Gehirnschwund* der Amerikaner: Das Grauen vor der *Dummheit, mit der dieses Land sich wahrscheinlich in eine Weltkatastrophe stürzen wird, lässt sich wohl nur mit dem Grauen vergleichen, das man Ende der zwanziger Jahre empfunden haben muss, als man sich in Deutschland für den Hitlerismus bereit machte.*(38) 1968 sammelte er dann Kollegenunterschriften, um die Kriegsdienstverweigerer unter den Studenten in Berkeley zu unterstützen. Eine für diese Universität radikale und mutige Aktion.

Sein *ungeheurer Anspruch an sich selbst* als Musiker (39) und seine Erkenntnis, dass *das Theoretisieren und Spintisieren im Grunde eher seine Sache war als das sportliche Instrumentalistentum,*(40) hatten wohl den Neustart als Germanist verursacht. Alles oder Nichts, lautete seine Devise, für seinen Germanistik-Kollegen Andrew Jaszi war er *ein Absolutist wie Kleist.* (41) Und eben darum bezeichnete er sich vermutlich bereits nach einigen Professorenjahren in Berkeley im bewussten Gegensatz zum wahren Künstler als *ätzenden Literaturwissenschaftler,* der mit annähernd fünfzig Jahren immer noch nicht genug wusste. (42) Die Universitätsbürokratie bekämpfte er und verließ auch schon mal eine Sitzung mit der Bemerkung *Dummes Geschwätz.* (43)

Die Herausgabe der Tagebücher seines Vaters, die zwanzig Jahre nach dessen Tod 1975 beginnen konnte, hat ihn nach Andrew Jaszi schwer

belastet: *Bei der Tagebucharbeit endlich verlor er sich selber. Diese Tagebücher seines Vaters haben ihn verrückt gemacht, umgebracht. Ich wünschte, er hätte sie verbrannt.*(44) Eine gut nachvollziehbare Einschätzung, denn Michael Mann musste darin lesen, dass er unerwünscht war und seine Eltern lange über seine Abtreibung diskutiert hatten. Sein seit jeher schwieriges Verhältnis zu seinem Vater wurde auf's Neue belastet: Schon als Elfjähriger erboste ihn sein Porträt als *Beißer* in Thomas Manns „Unordnung und frühes Leid", und noch mit 49 Jahren konnte er ihm eine Züchtigung nicht verzeihen, die über vierzig Jahre zurücklag. (45) Dazu passten die missglückten Familienbesuche bei seinen Eltern, über die seine Frau berichtete: *Unsere Ankunft in diesem Moment* – während einer Schallplatten-Soirée zu Weihnachten mit Bruno Walter - *schien bei allen ein großes Ärgernis auszulösen. Der Zauberer wünschte nicht unterbrochen zu werden. Zutiefst betreten haben wir uns mit den Kindern in eine Ecke des großen Raumes zurückgezogen. ... Ein andermal kamen wir ganz spät, nach elf Uhr nachts in Santa Monica an. Michael sagte: ‚Jetzt können wir nicht mehr nach Hause'. Wir haben uns deshalb mit den Kindern in den Sand am Badestrand von Santa Monica vergraben, um dort den Morgen abzuwarten.*(46)
Michael Mann zog sich zurück, zunächst ab Mai 1974 immer häufiger in sein kleines Haus St. Helena, das er in einer nördlich von San Franzisko gelegenen Weinlandschaft erworben hatte, weit weg von Familie und Gesellschaft, später in der Nacht zum 1. Januar 1977 in den Tod. Hat sein Sohn Frido Recht mit der Annahme, dass die genauen Umstände und Hintergründe seines Todes *vermutlich für immer weitgehend im Dunkeln bleiben*? (47) Raju, die indische Adoptivtocher, beschrieb den damaligen Abend und den anschließenden Morgen so: *An dem Abend war Mama stark erkältet und legte sich früh schlafen, hatte aber zuvor für uns eine Suppe gekocht. Papa und ich haben noch eine Weile geredet. Er hatte Herzklopfen und fühlte sich nicht gut. Ich habe ihm noch gesagt: ‚Wenn du dich ausruhst und hinlegst, dann wird es schon besser werden'. Er hat mich geküsst und ging weg. Spät am nächsten Morgen rührte sich drüben in seinen Zimmern nichts und Mama sagte, ich sollte doch einmal nach ihm schauen. Ich ging in sein Schlafzimmer und es war dort ziemlich kalt, keine Wärme. Ich habe gesehen, dass er*

tot war. Er lag aber völlig angezogen auf seinem Bett, mit einem Plaid leicht zugedeckt. (48) Wenn man am Silvesterabend früh ins Bett geht wie Gret Mann und vorher nur eine Suppe für die Familie kocht anstelle eines Silvester-Menus und wenn man sich wie Michael Mann nicht gut fühlt und sich dann auch bald schlafen legt, deutet das auf eine gewisse Gefühlskälte und Gleichgültigkeit zwischen dem Ehepaar und wohl auch auf Depressionen, wenn auch der Gesundheitszustand der Beiden eine Rolle gespielt hat. Dass Michael Mann angezogen auf seinem Bett lag, legt nahe, dass er bewusst eine Überdosis an Barbituraten und Alkohol zu sich genommen hatte, denn zum Schlafen zieht man sich aus und legt sich ins Bett. Auch die Einladung seines Kollegen Tubach zu einer Sylvester-Feier in sein Haus, die Michael Mann ohne Entschuldigung einfach nicht wahrnahm, spricht für die These des Selbstmords. (49) Einmal abgesehen von seinem dauerndem *Spiel mit dem Tod,* (50) seinen früheren Selbstmord-Versuchen, dem traditionellen Griff zur Pille und den „Selbstmörder-Gedichten", die er 1976 im Freundeskreis vortrug. (51)
Alles oder Nichts: auch der Aufbruch in die Germanistik war nicht problemlos gelungen. Da blieb ihm, auch wegen aller anderen Schwierigkeiten, nur wie seinem Bruder Klaus die Emigration in den Tod.

Sein Sohn **Frido Mann** ist vor einigen Jahren aus Deutschland in die *viel heimischere Atmosphäre* der Schweiz zurückgekehrt. Dieser Entschluss hat wohl auch seinen Grund in seinem Deutschlandbild: in der ihm *immer stickiger vorkommenden Enge* der Bundesrepublik, besonders vor der Wiedervereinigung. (52) Und natürlich in der vertrauten Schweiz, in der er ja sein Abitur gemacht und große Teile seines Musikstudiums absolviert hatte.
Wesentlicher aber ist seine „Doppel-Rückkehr" zu seinen brasilianischen Wurzeln und zum Religiösen. Sein erster Brasilien-Besuch Ende Februar 1994, wurde von der dortigen Presse als Sensation gefeiert. Es war *fast so, als wäre Julia Mann selbst in ihre Heimat zurückgekehrt.* (53) Jedenfalls empfand Frido Mann das so, besonders bei seinem ersten Besuch der „Boa Vista", des Elternhauses von Julia, bei dem in ihm *ein Anflug von Heimatgefühl* wie in Kalifornien aufkam. (54) Ja, es kam ihm sogar im Rahmen des „Julia-

Mann-Festivals 1997" bei dem Konzert- und Leseabend in der „Boa Vista" so vor, *als sei durch die kurzzeitige Inbesitznahme der Wohnräume unserer Vorfahren ein Fluch gelöst worden, der seit Julias Weggang auf uns allen gelastet hatte.* (55) Wohl im Sinne eines erneuten befreienden Brückenschlags der Familie Mann nach Brasilien. Er entdeckte damals in Julias Leben zwischen den Kulturen *ein prägendes Muster* für den Heimatverlust und das daraus erwachsende *Weltbürgertum* der Familie Mann. (56) Diese ersten Erfahrungen verfestigten seinen Plan, die brasilianische Geschichte der Manns in Romanform umzusetzen. Drei interkulturelle Romane entstanden, „Brasa", „Hexenkinder" und „Nachthorn", die durch „Portobelo", so heißt Paraty in der Trilogie, als Band zusammengehalten werden. Sind bereits in den zweiten Roman theologische Interpretationen eingegangen, rückt dieses Thema im „Nachthorn" weiter in den Mittelpunkt: Mit der Umkomponierung von Haydns Oratorium „Die Schöpfung", in dem der letzte im Paradies spielende Teil durch das menschengemachte Chaos nach Vollendung der göttlichen Schöpfung ersetzt wird.

Diese Hinwendung zur Theologie und Religion als religionsübergreifende Sinnsuche wurde dann Thema in seinem 2008 bei Rowohlt veröffentlichten Roman „Babylon": In seinem Protagonisten, dem jüdischen Stardirigenten Aurelio de Monti, kann man Frido Mann wiedererkennen. Beide haben ganz ähnliche Schwerpunkte, die Musik, die Theologie und den medizinisch-psychologischen Bereich. Beide haben ihre frühe Kindheit in den Staaten verbracht und haben später bei den Großeltern in Europa gelebt. Mit der Folge, sich häufig fremd zu fühlen. De Monti versucht, einen Dialog zwischen Judentum, Islam und Christentum anzukurbeln, um Zeichen gegen die rechte Szene zu setzen. Er findet dabei in der Küngschen Theorie des „Weltethos" und in dessen vier Prinzipien der „Gewaltfreiheit", „Solidarität", „Toleranz" und „Gleichberechtigung zwischen Mann und Frau" einen Halt und erkennt, dass Kunst und Sinnsuche zusammengehören. Offenbar so wie Frido Mann, der schon mit dem Gedanken gespielt hat, ein Sachbuch zum Thema „Weltethos" zu schreiben (57) und der dessen Prinzipien bereits in einer Grundschule unterrichtet hat.

Auch sein neuestes Multimedia-Projekt, die Sintflutoper „Flood", geht in diese Richtung: ökologische und kriegerische Katastrophen, Schreckensszenarien des 20. Jahrhunderts werden im Rahmen des Schöpfungsbewahrungsauftrags kommentiert. Die Verantwortlichen der Verbrechen versuchen sich dabei vor dem anklagenden Chor zu rechtfertigen.

Kurzum, eine weitgehend geglückte Rückkehr des promovierten Theologen zum Religiösen und zu seinen brasilianischen Wurzeln, auch wenn der Plan, das Elternhaus Julias, die „Boa Vista", in ein deutsch-brasilianisches Kulturzentrum zu verwandeln, noch nicht realisiert werden konnte.

Eine Selbstfindung, die ganz sicher auch durch seine Befreiung aus dem Schatten seines Großvaters begünstigt wurde. Enkel des Zauberers als berufliche Stellung, das ist heute für ihn endgültig vorbei. (58)

Lässt man die Schicksale dieser Schriftstellerfamilie Revue passieren, fällt bei der nach den Geburtsjahren angeordneten Reihe „Julia, Heinrich, Thomas, Erika, Klaus, Golo, Michael und Frido" auf, dass ein gewisser Rhythmus in der Abfolge von gelungener „Rückkehr" und schmerzlicher „Emigration" vorliegt. Stellt man die beiden verbitterten Emigranten, die beiden ältesten und bekanntesten Mannkinder, Erika und Klaus, in den Mittelpunkt, dann folgen jeweils in beiden Richtungen auf eine eher geglückte „Heimkehr" im Falle von Thomas und Golo das bittere „Exil" von Heinrich und Michael, gefolgt von der geglückten „Rückkehr" von Julia und Frido, wenn auch bei Julia erst auf dem Sterbebett. Zufall oder nicht? Auf jeden Fall eine erstaunliche Regelmäßigkeit.

VIII
Abkürzungen

Friedrich Albrecht, Klaus Mann
Friedrich Albrecht, Klaus Mann, Der Mittler. Studien aus vier Jahrzehnten. Bern 2009

André Banuls, Thomas Mann
André Banuls, Thomas Mann und sein Bruder Heinrich. Eine repräsentative Gegensätzlichkeit. Stuttgart 1968

Gottfried Benn, Werke
Gottfried Benn, Sämtliche Werke. Stuttgarter Ausgabe Bd. 4: Prosa 2 (1933-1945). In Verb. mit Ilse Benn hrsg. v. Gerhard Schuster. Klett-Cotta Stuttgart 1989

Ernst Bertram, Thomas Mann
Ernst Bertram, Thomas Mann an Ernst Bertram. Briefe aus den Jahren 1910-1955. Hg. v. Inge Jens. Pfullingen 1960

Heinrich Breloer, Die Manns
Heinrich Breloer u. Horst Königstein, Die Manns. Ein Jahrhundertroman. Frankfurt 2001

Hans Bürgin, Thomas Mann
Hans Bürgin, Thomas Mann. Eine Chronik seines Lebens. Frankfurt 1965

Alexander Cammann, Holocaust
Alexander Cammann, Die Diplomaten des Holocaust. Die Zeit, 28.10.2010, S. 21

Joachim Fest, Begegnungen
Joachim Fest, Begegnungen. Hamburg 2004

Lion Feuchtwanger, Teufel
Lion Feuchtwanger, Der Teufel in Frankreich. Tagebuch 1940. Briefe. Copyright © Aufbau Verlag GmbH&Co. KG, Berlin 1982 (Dieses Werk erschien erstmals 1982 im Aufbau Verlag; Aufbau ist eine Marke der Aufbau Verlag GmbH&Co. KG)
Die Seitenangaben beziehen sich auf die Ausgabe 2/1992

Manfred Flügge, Paradies
Manfred Flügge, Wider Willen im Paradies. Deutsche Schriftsteller im Exil in Sanary-sur-Mer. Berlin 1996

Michel Grunewald, Blick
Michel Grunewald (Hg.), Mit dem Blick nach Deutschland. Der Schriftsteller und das politische Engagement. München 1985

Klaus Harpprecht, Thomas Mann
Klaus Harpprecht, Thomas Mann. Eine Biografie. Reinbek 1995

Klaus **Harpprecht, Heiterer Mann**
Klaus Harpprecht, Ein heiterer Mann. Die Zeit, 12.5.2010, S. 22

Katrin **Höcherl, Klaus Mann**
Katrin Höcherl, Ein Leben im Dazwischen. Klaus Mann nach 1945. Lüneburg 2/2004

Helga **Keiser-Hayne, Erika Mann**
Helga Keiser-Hayne, Erika Mann und ihr politisches Kabarett ‚Die Pfeffermühle'. Reinbek 1995

Alfred **Kerr, England**
Alfred Kerr, Ich kam nach England, ein Tagebuch aus dem Nachlass. Hg. v. W. Huber u.a. Bonn 1979

Hermann **Kesten, Poeten**
Hermann Kesten, Meine Freunde, die Poeten. Frankfurt 1970

Marianne **Krüll, Zauberer**
Marianne Krüll, Im Netz der Zauberer. Frankfurt 1996

Karl Josef **Kuschel, Mutterland**
Karl Josef Kuschel u.a., Mutterland. Die Familie Mann und Brasilien. Düsseldorf 2009

Irmela von der **Lühe, Blitze**
Irmela von der Lühe, Uwe Naumann, Erika Mann. Blitze über dem Ozean. Reinbek 2000

Irmela von der **Lühe, Erika Mann**
Irmela von der Lühe, Erika Mann. Eine Lebensgeschichte. Reinbek 2009

Erika **Mann, Zauberer**
Erika Mann, Mein Vater der Zauberer. Hg. v. Irmela von der Lühe u. Uwe Naumann. Reinbek 1996

Erika **Mann, Kinder**
Erika Mann, Zehn Millionen Kinder. Die Erziehung der Jugend im Dritten Reich. Reinbek 1997

Erika **Mann, Lichter**
Erika Mann, Wenn die Lichter ausgehen. Übers. v. G. Richter. Reinbek 2005

Erika **Mann, Gedächtnis**
Erika Mann, Klaus Mann zum Gedächtnis. Hamburg 2003

Erika u. Klaus **Mann, Escape**
Erika und Klaus Mann, Escape To Life. Reinbek 1996

Erika u. Klaus **Mann, Riviera**
Erika u. Klaus Mann, Das Buch von der Riviera. Reinbek 2/2004

Frido **Mann, Achterbahn**
Frido Mann, Achterbahn. Ein Lebensweg. Reinbek 2009

Frido **Mann, Parsival**
Frido Mann, Professor Parsival. Autobiografischer Roman. München 1985

Golo **Mann, Erinnerungen**
Golo Mann, Erinnerungen und Gedanken. Lehrjahre in Frankreich. Frankfurt 4/2009

Golo **Mann, Geschichte**
Golo Mann, Deutsche Geschichte des 19. und 20. Jahrhunderts. Frankfurt 1966

Heinrich **Mann, Zeitalter**
Heinrich Mann, Ein Zeitalter wird besichtigt. Erinnerungen. Frankfurt 1988

Heinrich **Mann, Hass**
Heinrich Mann, Der Hass. Essays. Frankfurt 1987

Heinrich **Mann, Briefe**
Heinrich Mann, Briefe an Ludwig Ewers. Berlin 1980

Heinrich **Mann, Kaiserreich**
Heinrich Mann, Kaiserreich und Republik. (1918) In: Alfred. Kantorowicz, ausgewählte Werke in Einzelausgaben, Bd. 12

Heinrich **Mann, Atem**
Heinrich Mann, Gesammelte Werke, Bd. 6. Düsseldorf 1962

Julia **Mann, Kinder**
Julia Mann, Ich spreche so gern mit meinen Kindern. Erinnerungen. Copyright © Aufbau Verlag GmbH&Co. KG, Berlin 1991 (Dieses Werk erschien erstmals 1991 beim Aufbau-Verlag; Aufbau ist eine Marke der Aufbau Verlag GmbH&Co. KG)
Die Seitenzahlen beziehen sich auf die Ausgabe 4/2008

Katia **Mann, Memoiren**
Katia Mann, Meine ungeschriebenen Memoiren. Frankfurt 1976

Klaus **Mann, Tagebücher**
Klaus Mann, Tagebücher 1931-1949. Hg. v. J. Heimannsberg, München 1981-1991, Nachdruck Reinbek 1995

Klaus **Mann, Posten**
Klaus Mann, Auf verlorenem Posten. Reinbek 1994

Klaus **Mann, Wendepunkt**
Klaus Mann, Der Wendepunkt. Ein Lebensbericht. Reinbek 2/2008

Klaus **Mann, Vulkan**
Klaus Mann, Der Vulkan. Reinbek 1986

Klaus **Mann, Eltern**
Klaus Mann, Die neuen Eltern. Aufsätze, Reden, Kritiken 1924-1933. Hg. v. Uwe Naumann u.a., Reinbek 1992

Klaus **Mann, Engel**
Klaus Mann, Der Siebente Engel. Reinbek 1989

Klaus **Mann, Gide**
Klaus Mann, André Gide. Reinbek 1984

Klaus **Mann, Wunder**
Klaus Mann, Das Wunder von Madrid. Reinbek 1993

Klaus **Mann, Deutschland**
Klaus Mann, Zweimal Deutschland. Reinbek 1994

Klaus **Mann, Zahnärzte**
Klaus Mann, Zahnärzte und Künstler. Reinbek 1993

Klaus **Mann, Symphonie**
Klaus Mann, Symphonie Pathétique. Reinbek 1981

Klaus **Mann, Day**
Klaus Mann, The Last Day. Unv. Manuskript. Monacensia. Literaturarchiv und Bibliothek München, Signatur KMM4

Michael **Mann, Thomas Mann**
Michael Mann (Hg.), Das Thomas Mann Buch, eine innere Biographie in Selbstzeugnissen. Frankfurt 1965

Monika **Mann, Erinnerungen**
Monika Mann, Vergangenes und Gegenwärtiges. Erinnerungen. München 1986

Thomas **Mann, Gesammelte Werke**
Thomas Mann, Gesammelte Werke in 13 Bänden. Frankfurt 1960-1974

Thomas **Mann, Stockholm**
Thomas Mann, Rede in Stockholm. In: Reden u. Aufsätze, Gesammelte Werke in 13 Bänden. Frankfurt 1960-1974

Thomas **Mann, Europa**
Thomas Mann, Achtung Europa. In: Reden u. Aufsätze, Gesammelte Werke in 13 Bänden. Frankfurt 1960-1974

Thomas **Mann, 50. Geburtstag**
Thomas Mann, Rede zum 50. Geburtstag. In: Reden u. Aufsätze, Gesammelte Werke in 13 Bänden. Frankfurt 1960-1974

Thomas **Mann, Botschaft 1**
Thomas Mann, Botschaft an das deutsche Volk (24.5.47). In: Reden u. Aufsätze, Gesammelte Werke in 13 Bänden. Frankfurt 1960-1974

Thomas **Mann, Botschaft 2**
Thomas Mann, Botschaft an das deutsche Volk (Juli 49). In: Reden u. Aufsätze, Gesammelte Werke in 13 Bänden. Frankfurt 1960-1974

Thomas **Mann, Goethe-Jahr**
Thomas Mann, Ansprache im Goethe-Jahr (25.7.49). In: Reden u. Aufsätze, Gesammelte Werke in 13 Bänden. Frankfurt 1960-1974

Thomas **Mann, Ich stelle fest**
Thomas Mann, Ich stelle fest (13.4.51). In: Reden u. Aufsätze, Gesammelte Werke in 13 Bänden. Frankfurt 1960-1974

Thomas **Mann, Gedanken**
Thomas Mann, Gedanken im Kriege. In: Reden u. Aufsätze, Gesammelte Werke in 13 Bänden. Frankfurt 1960-1974

Thomas **Mann, Deutsche Hörer**
Thomas Mann, Deutsche Hörer. In: Reden u. Aufsätze, Gesammelte Werke in 13 Bänden. Frankfurt 1960-1974

Thomas **Mann, Faustus**
Thomas Mann, Doktor Faustus. Das Leben des deutschen Tonsetzers Adrian Leverkühn erzählt von einem Freunde. Frankfurt 1967

Thomas **Mann, Entstehung**
Thomas Mann, Die Entstehung des Doktor Faustus. Frankfurt 1967 (in der angegebenen Faustus-Ausgabe)

Thomas **Mann, Briefe 1**
Thomas Mann, Briefe an Otto Grautoff. Hg. v. Peter de Mendelssohn. Frankfurt 1975

Thomas **Mann, Briefe 2**
Thomas und Heinrich Mann (1900-1949) Briefwechsel. Frankfurt 1984

Thomas **Mann, Briefe 3**
Thomas Mann, Briefe 1889-1955. Hg. v. Erika Mann. Frankfurt 1961-1965

Thomas **Mann, Briefe 4**
Thomas Mann Briefe 1937-1947. Hg .v. Erika Mann. Frankfurt 1963

Thomas **Mann, Briefe 5**
Thomas Mann, Briefe 1839-1913. Hg. v. Thomas Sprecher u.a. Frankfurt 2002

Thomas **Mann, Tagebücher**
Thomas Mann, Tagebücher. Hg. v. Peter de Mendelssohn, ab 1944 v. Inge Jens. Frankfurt 1979ff.

Thomas **Mann, Autobiografisches**
Thomas Mann, Autobiografisches. Frankfurt 1968

Thomas **Mann, Erzählungen**
Thomas Mann, Sämtliche Erzählungen. Frankfurt 1972

Thomas **Mann, Über mich selbst**
Thomas Mann, Über mich selbst. Autobiografische Schriften. Frankfurt 1983

Viktor **Mann, Bildnis**
Viktor Mann, Wir waren fünf. Bildnis der Familie Mann. 4. Aufl. Südverlag, Konstanz 1995

Ludwig **Marcuse, Jahrhundert**
Ludwig Marcuse, Mein zwanzigstes Jahrhundert. Copyright © 2002 Diogenes Verlag AG Zürich

Uwe **Naumann, Kinder.**
Uwe Naumann, Die Kinder der Manns. Reinbek 2005

Marcel **Reich-Ranicki, Nachprüfung**
Marcel Reich-Ranicki, Nachprüfung. Copyright © 1980, Deutsche Verlags-Anstalt München in der Verlagsgruppe Random House GmbH

Dieter **Schlenstedt, Kisch**
Dieter Schlenstedt, Egon Erwin Kisch. Berlin 1985

Marje **Schuetze-Coburn, Heinrich Mann**
Marje Schuetze-Coburn, Heinrich Manns letztes Jahrzehnt. In: Volker Skierka (Hg.), Liebschaften und Greuelmärchen. Die unbekannten Zeichnungen von Heinrich Mann. Göttingen 2001

Volker **Skierka, Liebschaften**
Volker Skierka (Hg.), Liebschaften und Greuelmärchen. Die unbekannten Zeichnungen von Heinrich Mann. Göttingen 2001

Eberhard **Spangenberg, Karriere**
Eberhard Spangenberg, Karriere eines Romans. München 2/1984

Dieter **Strauss, Julia**
Dieter Strauss u. Maria A. Sene (Hg.), Julia Mann. Brasilien-Lübeck-München. Lübeck 1999 (www.draeger.ws)

Dieter **Strauss, Klaus Mann**
Dieter Strauss und Dominique L. Miermont, Klaus Mann et la France. Un destin d'exil. Paris 2002

Dieter **Strauss, Goethe**
Dieter Strauss, Diesseits von Goethe. Deutsche Kulturbotschafter im Aus- und Inland. Bonn-Sankt Augustin 2009

Frederic C. **Tubach, Fragmente**
Frederic C. Tubach u. Sally P. Tubach, Michael Mann. Fragmente eines Lebens. Lebensbericht und Auswahl seiner Schriften: München 1983

Maria Luiza **Tucci Carneiro, Brasil**
Maria Luiza Tucci Carneiro, Brasil, Um Refúgio Nos Trópicos. Sao Paulo 1996

Gunna **Wendt, München**
Gunna Wendt u. Franz Klug, Literarisches München 2010. München 2010

H. **Wyslink, Thomas Mann**
H. Wyslink u.a., Thomas Mann, ein Leben in Bildern. Zürich 3/1998

M. **Zimmermann, Berlin**
M. Zimmermann u.a., ‚Ach wie gut schmeckt mir Berlin'. Französische Passanten im Berlin der zwanziger und frühen dreißiger Jahre. Berlin 2010

Stefan **Zweig, Fouché**
Stefan Zweig, Joseph Fouché. Frankfurt 1994

IX
Anmerkungen

I Noch ein Buch über die Manns?
Eingangszitat von Klaus Mann, Tagebücher, 3.7.1936
Die zitierten Einträge aus Tagebüchern werden im Text – ausgabenunabhängig - unter ihrem Datum angegeben.
1. Heinrich Breloer, Die Manns, S. 441
2. Irmela von der Lühe, Erika Mann, S. 7
3. Dieter Strauss, Klaus Mann

II Die Manns in Extremsituationen des Exils
Eingangszitat von Heinrich Mann: Heinrich Mann, Zeitalter, S. 466
1. Heinrich Mann, Zeitalter, S. 465f.
2. Heinrich Mann, Zeitalter, S. 244
3. Heinrich Breloer, Die Manns, S. 312f.
4. Thomas Mann, Briefe 1, S. 80f.
5. Erika Mann, Escape, S. 18f.
6. Heinrich Breloer, Die Manns, S. 425
7. Klaus Mann, Posten, 332
8. Heinrich Breloer, Die Manns, S. 372
9. Klaus Mann, Posten, S. 327
10. Klaus Mann, Posten, S. 333
11. Michel Grunewald, Blick, S. 148
12. Klaus Mann, Posten, S. 542
13. Klaus Mann, Wendepunkt, S. 581
14. Golo Mann, Erinnerungen, S. 253
15. Fredric C. Tubach, Fragmente, S. 25
16. Frido Mann, Parsival, S. 42
17 Klaus Harpprecht, Thomas Mann, S. 62ff.
18. Julia Mann, Kinder, S. 242
19. Viktor Mann, Bildnis, S. 386
20. Viktor Mann, Bildnis, S. 397

III Die Gründe für das Exil der Manns
Eingangszitat von Heinrich Mann, Zeitalter, S. 213
1. Irmela von der Lühe, Erika Mann, S. 133
2. Dieter Strauss, Goethe, S. 118
3. Heinrich Mann, Zeitalter, S. 371
4. Heinrich Mann, Zeitalter, S. 372
5. Heinrich Breloer, Die Manns, S. 147
6. Heinrich Mann, Zeitalter, S. 373ff.
7. Heinrich Mann, Zeitalter, S. 373
8. Heinrich Mann, Zeitalter, S. 336
9. Heinrich Mann, Zeitalter, S. 355
10. Heinrich Mann, Zeitalter, S. 376f.

11. Heinrich Mann, Zeitalter, S. 379
12. Heinrich Mann, Zeitalter, S. 178
13. Hans Bürgin, Thomas Mann, S. 103
14. Heinrich Breloer, Die Manns, S. 131
15. Katia Mann, Memoiren, S. 98
16. Heinrich Breloer, Die Manns, S.137
17. Hans Bürgin, Thomas Mann, S. 102
18. Thomas Mann, Briefe 3, Brief an W. Schuh
19. H. Wyslink, Thomas Mann, S. 317
20. Heinrich Mann, Zeitalter, S. 246
21. Heinrich Breloer, Die Manns, S. 214
22. Thomas Mann, Briefe 3, Brief an A. Naumann
23. Hans Bürgin, Thomas Mann, S. 104
24. Irmela von der Lühe, Erika Mann, S. 68
25. Irmela von der Lühe, Erika Mann, S. 71
26. Völkischer Beobachter 16.2.1932, S. 1
27. Irmela von der Lühe, Erika Mann, S. 86
28. Irmela von der Lühe, Erika Mann, S. 92
29. Irmela von der Lühe, Blitze, S. 22
30. Klaus Mann, Wendepunkt, S. 333
31. Heinrich Breloer, Die Manns, S. 73
32. Erika Mann, Gedächtnis, S. 43
33. Klaus Mann, Eltern, S. 95f.
34. Klaus Mann, Wendepunkt, S. 360f.
35. Klaus Mann, Wendepunkt, S. 311
36. Golo Mann, Erinnerungen, S. 13
37. Golo Mann, Erinnerungen, S. 34
38. Golo Mann, Erinnerungen, S. 117 u. 37
39. Frederic C. Tubach, Fragmente, S. 12
40. Frederic C. Tubach, Fragmente, S. 23
41. Heinrich Breloer, Die Manns, S. 156
42. Heinrich Breloer, Die Manns, S. 359
43. Karl Josef Kuschel, Mutterland, S. 177f.
44. Karl Josef Kuschel, Mutterland, S. 62f.
45. Thomas Mann, Autobiographisches, S. 15
46. Julia Mann, Kinder, S. 21

IV Entwicklung des politischen Bewusstseins und politischer Kampf der Manns bis in die ersten Jahre des 2. Weltkriegs

Eingangszitat von Erika Mann. Helga Keyser-Hayne, Erika Mann, S. 108
1. Heinrich Mann, Zeitalter, S. 574
2. Heinrich Breloer, Die Manns, S. 297
3. Heinrich Mann, Zeitalter, S. 206
4. Heinrich Mann, Kaiserreich, S. 55 ff.
5. Heinrich Mann, Zeitalter, S.366
6. Heinrich Mann, Zeitalter, S. 142
7. Heinrich Mann, Zeitalter, S. 431
8. Heinrich Mann, Zeitalter, S. 431f.
9. Heinrich Mann, Zeitalter, S. 432

10. Heinrich Mann, Zeitalter, S. 156
11. Heinrich Mann, Zeitalter, S. 189, 387, 437, 595
12. Heinrich Mann, Zeitalter, S. 448f.
13. Heinrich Mann, Zeitalter, S. 454
14. Heinrich Mann, Zeitalter, S. 442, 458
15. Heinrich Mann, Zeitalter, S. 489f.
16. Heinrich Mann, Zeitalter, S. 207f.
17. Heinrich Mann, Zeitalter, S. 468f.
18. Heinrich Mann, Zeitalter, S. 378
19. Heinrich Breloer, Die Manns, S. 45
20. Thomas Mann, Briefe 2, S. 50
21. Thomas Mann, Briefe 2, S. 62f.
22. Marianne Krüll, Zauberer, S. 423
23. Thomas Mann, Briefe 2, S. 134
24. Thomas Mann, Gedanken, S. 530, 533
25. Thomas Mann, Gedanken, S. 555f.
26. André Banuls, Thomas Mann, S. 25
27. Thomas Mann, Briefe 3, an Felix Bertaux (15.10.22)
28. Ernst Bertram, Thomas Mann, Brief Thomas Manns, Januar 1923
29. Hans Bürgin, Thomas Mann, S. 62
30. Hans Bürgin, Thomas Mann, S. 73
31. Hans Bürgin, Thomas Mann, S. 81
32. Thomas Mann, Rede in Stockholm
33. Ernst Bertram, Thomas Mann, Brief vom 10.10.1933
34. Hans Bürgin, Thomas Mann, S. 92
35. Heinrich Breloer, Die Manns, S. 134ff.
36. Hans Bürgin, Thomas Mann, S. 97
37. Hans Bürgin, Thomas Mann, S. 99
38. Thomas Mann, Briefe 3, Brief an L. Mazzucchetti (27.2.23)
39. Irmela von der Lühe, Erika Mann, S. 149
40. Irmela von der Lühe, Erika Mann, S. 150
41. Irmela von der Lühe, Erika Mann, S. 151
42. Heinrich Breloer, Die Manns, S. 196
43. Thomas Mann, Briefe 3, Brief an A.M. Frey (4.12.1933)
44. Thomas Mann, Briefe3, Brief an Karl Kerény (August 1933)
45. Thomas Mann, Briefe 3, Brief an Karl Kerény (August 1933)
46. Thomas Mann, Europa
47. Hans Bürgin, Thomas Mann, S. 117
48. Erika Mann, Zauberer, S. 103
49. Hans Bürgin, Thomas Mann, S. 118
50. Thomas Mann, Briefe 5, S. 409ff.
51. Thomas Mann, Briefe 3, Brief an Hermann Hesse (Februar 1936)
52. Alexander Cammann, Holocaust, S. 21
53. Heinrich Mann, Zeitalter, S. 242
54. Hans Bürgin, Thomas Mann, S. 120
55. Hans Bürgin, Thomas Mann, S. 126
56. Heinrich Breloer, Die Manns, S. 265
57. Thomas Mann, Briefe 4, an Stefan Zweig (4.1.1940)
58. Hans Bürgin, Die Manns, S. 148
59. Hans Bürgin, Die Manns, S. 149

60. Thomas Mann, Deutsche Hörer, S. 54f. (Februar 1941)
61. Thomas Mann, Deutsche Hörer, Oktober 1940
62. Thomas Mann, Deutsche Hörer, 27.9.1942
63. Thomas Mann, Deutsche Hörer, 24.1.1943
64. Thomas Mann, Deutsche Hörer, S. 58f. (April 1942)
65. Thomas Mann, Deutsche Hörer, S. 148f. (19.4.1945)
66. Thomas Mann, 50. Geburtstag
67. Irmela von der Lühe, Blitze, S. 12
68. Heinrich Breloer, Die Manns, S. 65
69. Heinrich Breloer, Die Manns, S. 65
70. Irmela von der Lühe, Erika Mann, S. 95
71. Heinrich Breloer, Die Manns, S. 152
72. Irmela von der Lühe, Erika Mann, S. 96
73. Helga Keyser-Hayne, Erika Mann, S. 119
74. Helga Keyser-Hayne, Erika Mann, S. 150 und Irmela von der Lühe, Erika Mann, S. 119
75. Helga Keyser-Hayne, Erika Mann, S. 134
76. Irmela von der Lühe, Erika Mann, S. 120
77. Irmela von der Lühe, Erika Mann, S. 126
78. Irmela von der Lühe, Erika Mann, S. 126
79. Irmela von der Lühe, Erika Mann, S. 140
80. Helga Keiser-Hayne, Erika Mann, S. 183
81. Heinrich Breloer, Die Manns, S. 194
82. Helga Keiser-Hayne, Erika Mann, S. 166
83. Irmela von der Lühe, Erika Mann, S. 127
84. Irmela von der Lühe, Erika Mann, S. 134
85. Helga Keiser-Hayne, Erika Mann, S. 178
86. Irmela von der Lühe, Erika Mann, S. 414
87. Irmela von der Lühe, Erika Mann, S. 234
88. Erika Mann, Lichter, S. 81
89. Irmela von der Lühe, Erika Mann, S. 248
90. Irmela von der Lühe, Blitze, S. 122ff.
91. Völkischer Beobachter, 8.10.1940, S. 2
92. Irmela von der Lühe, Erika Mann, S. 256
93. Heinrich Breloer, Die Manns, S. 375
94. Friedrich Albrecht, Klaus Mann, S. 99
95. Klaus Mann, Wendepunkt, S. 287 und 289
96. Klaus Mann, Wendepunkt, S. 163
97. M. Zimmermann, Berlin, Brief Bertaux' an seine Eltern.
98. Friedrich Albrecht, Klaus Mann, S. 168
99. Heinrich Breloer, Die Manns, S. 52f.
100. Klaus Mann, Engel, S. 422f.
101. Klaus Mann, Gide, S. 10
102. Klaus Mann, Wunder, S. 16
103. Klaus Mann, Wendepunkt, S. 214
104. Dieter Strauss, Klaus Mann, S. 141
105. Klaus Mann, Deutschland, S. 33
106. Dieter Strauss, Klaus Mann, S. 144
107. Friedrich Albrecht, Klaus Mann, S. 139
108. Friedrich Albrecht, Klaus Mann, S. 142
109. Marianne Krüll, Zauberer, S. 17

110. Klaus Mann, Tagebücher, 28.3.1933
111. Gottfried Benn, Werke, S. 15
112. Dieter Strauss, Klaus Mann, S. 151
113. Gottfried Benn, Werke, S. 28
114. Dieter Straus, Klaus Mann, S. 151
115. Dieter Straus, Klaus Mann , S. 151
116. Dieter Strauss, Klaus Mann, S. 152
117. Klaus Mann, Eltern, S. 269 u. Friedrich Albrecht, Klaus Mann, S. 291
118. Klaus Mann, Wendepunkt, S. 407
119. Heinrich Mann, Hass, S. 125 u. 129
120. Marianne Krüll, Zauberer, S. 359
121. Dieter Strauss, Klaus Mann, S. 153
122. Dieter Strauss, Klaus Mann, S. 154
123. Klaus Mann, Wendepunkt, S. 454
124. Klaus Mann, Tagebücher, 18. August 1934
125. Dieter Strauss, Klaus Mann, S. 154
126. Dieter Strauss, Klaus Mann, S. 155
127. Klaus Mann, Zahnärzte, S. 309
128. Klaus Mann, Zahnärzte, S. 390
129. Le Figaro, 30.7.1936, Artikel von Maurice Capelle
130. Klaus Mann, Wunder, S. 423f.
131. Klaus Mann, Wunder, S. 424
132. Friedrich Albrecht, Klaus Mann, S. 121
133. Klaus Mann, Wendepunkt, S. 528f.
134. Dieter Strauss, Klaus Mann, S. 161
135. Golo Mann, Erinnerungen, S. 110f.
136. Klaus Mann, Zahnärzte, S. 314f.
137. Klaus Mann, Deutschland, S. 105
138. Klaus Mann, Wendepunkt, S. 457
139. Klaus Mann, Symphonie, S. 90
140. Klaus Mann, Symphonie, S. 129
141. Klaus Mann, Symphonie, S. 93
142. Pariser Tageszeitung, 21. Juni 1936
143. Dieter Strauss, Klaus Mann, S. 158
144. Dieter Strauss, Klaus Mann, S. 158
145. Eberhard Spangenberg, Karriere, S. 103
146. Heinrich Breloer, Die Manns, S. 48
147. Thomas Mann, Erzählungen, Bd. 2 Unordnung und frühes Leid, S. 776
148. Friedrich Albrecht, Klaus Mann, S. 92
149. Dieter Strauss, Klaus Mann, S. 159f.
150. Dieter Strauss, Klaus Mann, S. 159
151. Friedrich Albrecht, Klaus Mann, S. 123
152. Klaus Mann, Vulkan, S. 477
153. Golo Mann, Erinnerungen, S. 153
154. Heinrich Breloer, Die Manns, S. 33
155. Golo Mann, Erinnerungen, S. 26
156. Golo Mann, Erinnerungen, S. 37
157. Golo Mann, Erinnerungen, S. 16
158. Golo Mann, Erinnerungen, S. 17
159. Golo Mann, Erinnerungen S. 118

160. Golo Mann, Erinnerungen, S. 118f.
161. Golo Mann, Erinnerungen, S. 76
162. Golo Mann, Erinnerungen, S. 137f.
163. Golo Mann, Erinnerungen, S. 143
164. Golo Mann, Erinnerungen, S. 143
165. Golo Mann, Erinnerungen, S. 164
166. Golo Mann, Erinnerungen, S. 65
167. Golo Mann, Erinnerungen, S. 74
168. Golo Mann, Erinnerungen, S., 175
169. Golo Mann, Erinnerungen, S. 77
170. Golo Mann, Erinnerungen, S. 174
171. Golo Mann, Erinnerungen, S. 80
172. Golo Mann, Erinnerungen, S. 100
173. Golo Mann, Erinnerungen, S. 175
174. Frederic C. Tubach, Fragmente, S. 12 u. 23
175. Frederic C. Tubach, Fragmente, S. 18
176. Frederic C. Tubach, Fragmente, S. 19
177. Frederic C. Tubach, Fragmente, S. 21
178. Heinrich Breloer, Die Manns, S. 112
179. Frido Mann, Parsival, S. 32
180. Julia Mann, Kinder, S. 241, Brief Julia Manns an Heinrich vom 1.10.1914
181. Karl Josef Kuschel, Mutterland, S. 34
182. Michael Mann, Thomas Mann, S. 97

V Adaptation der Manns in den Exilländern
Einganszitat von Ludwig Marcuse. Ludwig Marcuse, Jahrhundert, S. 160f.
1. Monika Mann, Erinnerungen, S. 89
2. Julia Mann, Kinder, S. 11f. u. 16
3. Dieter Strauss, Julia, S. 20
4. Julia Mann, Kinder, S. 162f., Brief Julia Manns an Heinrich vom 20.1.1906
5. Julia Mann, Kinder, S. 55, Brief Ludwig Bruhns an Julia.
6. Julia Mann, Kinder, S. 57
7. Dieter Strauss, Julia, S. 20
8. Julia Mann, Kinder, S. 29
9. Julia Mann, Kinder, S. 14
10. Julia Mann, Kinder, S. 12 und 46
11. Thomas Mann, Über mich selbst, Das Bild der Mutter, S. 153f.
12. Katja Mann, Memoiren, S. 31
13. Katia Mann, Memoiren, S. 31
14. Julia Mann, Kinder, S. 12
15. Julia Mann, Kinder, S. 16
16. Alfred Kerr, England, S. 190
17. Stefan Zweig, Fouché, S. 106
18. Heinrich Mann, Zeitalter, S. 715
19. Heinrich Mann, Zeitalter, S. 278
20. Marje Schuetze-Coburn, Heinrich Mann, S. 26
21. Heinrich Mann, Zeitalter, S. 201
22. Heinrich Mann, Zeitalter, S. 467
23. Heinrich Mann, Zeitalter, S. 411

24. Heinrich Mann, Zeitalter, S. 490
25. Klaus Harpprecht, Heiterer Mann, S. 22
26. Golo Mann, Erinnerungen, S. 145
27. Heinrich Mann, Zeitalter, S. 607f.
28. Heinrich Mann, Zeitalter, S. 413
29. Heinrich Mann, Zeitalter, S. 242
30. Heinrich Mann, Zeitalter, S. 570
31. Manfred Flügge, Paradies, S. 54
32. Manfred Flügge, Paradies, S. 107
33. Manfred Flügge, Paradies, S. 89
34. Manfred Flügge, Paradies, S. 125
35. Golo Mann, Erinnerungen, S. 271
36. Heinrich Mann, Zeitalter, S. 479
37. Heinrich Breloer, Die Manns, S. 285
38. Volker Skierka, Liebschaften
39. Thomas Mann, Briefe 2, S. 332 (Brief vom 25.2.41)
40. Heinrich Mann, Zeitalter, S. 705f.
41. Heinrich Mann, Zeitalter, S. 263
42. Heinrich Mann, Zeitalter, S. 716
43. Heinrich Mann, Zeitalter, S. 720
44. Marje Schütze-Coburn, Heinrich Mann, S. 19
45. Marje Schütze-Coburn, Heinrich Mann, S. 21
46. Heinrich Mann, Zeitalter, S. 706
47. Heinrich Mann, Zeitalter, S 627
48. Heinrich Mann, Zeitalter, S. 613
49. Heinrich Breloer, Die Manns, S. 335
50. Hermann Kesten, Poeten, S. 35
51. Heinrich Breloer, Die Manns, S. 349
52. Marja Schuetze-Coburn, Heinrich Mann, S. 26
53. Thomas Mann, Briefe 4, S. 408 (7.1.45)
54. Volker Skierka, Liebschaften, S. 15
55. Heinrich Mann, Briefe, S. 252 (8.9.1881)
56. Marje Schuetze-Coburn, Heinrich Mann, S. 27
57. Heinrich Breloer, Die Manns, S. 334
58. Heinrich Breloer, Die Manns, S. 402
59. Heinrich Breloer, Die Manns, S. 313 und Marianne Krüll, Zauberer, S. 375
60. Heinrich Mann, Zeitalter, S. 241
61. Marianne Krüll, Zauberer, S. 423
62. Heinrich Breloer, Die Manns, S. 13
63. Monika Mann, Erinnerungen, S. 135f.
64. Thomas Mann, Briefe 3, an Lavinia Mazzucchetti
65. Manfred Flügge, Paradies, S. 80
66. Hans Bürgin, Thomas Mann, S. 131
67. Heinrich Breloer, Die Manns, S. 179
68. Manfred Flügge, Paradies, S. 126
69. Lion Feuchtwanger, Teufel, S. 17
70. Manfred Flügge, Paradies, S. 14
71. Manfred Flügge, Paradies, S. 55
72. Erika u. Klaus Mann, Riviera, S. 14ff.
73. Golo Mann, Erinnerungen, S. 22

74. Heinrich Breloer, Die Manns, S. 187f.
75. Manfred Flügge, Paradies, S. 78
76. Golo Mann, Erinnerungen, S. 23
77. Thomas Mann, Tagebücher, 10.9.1933
78. Dieter Schlenstedt, Kisch, S. 309
79. Hans Bürgin, Thomas Mann, S. 194
80. Heinrich Breloer, Die Manns, S. 191
81. Manfred Flügge, Paradies, S. 80
82. Manfred Flügge, Paradies, S. 81
83. Golo Mann, Erinnerungen, S. 130
84. Golo Mann, Erinnerungen, S. 133
85. Hans Bürgin, Thomas Mann, S. 114
86. Golo Mann, Erinnerungen, S. 131f.
87. Hans Bürgin, Thomas Mann, S. 127
88. Thomas Mann, Briefe 4, Brief v. 31.5.1938
89. Thomas Mann, Briefe 4, Brief v. 28.9.1938, an E. Kahler
90. Thomas Mann, Briefe 4, Brief v. 29.9.1938, an E. Kahler
91. Katia Mann, Memoiren, S. 128 u. 131
92. Thomas Mann, Briefe 4, Brief v. 5./6.10.1940, an E. Kahler
93. Thomas Mann, Briefe 4, Brief v. 14.5.1942, an A.C. Meyer
94. Thomas Mann, Briefe 4, Brief v. 25.5.1941, an E. Kahler
95. Thomas Mann, Briefe 4, Brief v. 11.12.1941, an A.C. Meyer
96. Thomas Mann, Briefe 4, Brief v. Februar 1945, an A.C. Meyer
97. Hans Bürgin, Thomas Mann, S. 190
98. Karl Josef Kuschel, Mutterland, S. 59
99. Michael Mann, Thomas Mann, S. 33
100. Golo Mann, Erinnerungen, S. 27
101. Irmela von der Lühe, Erika Mann, S. 165
102. Klaus Mann, Wendepunkt, S. 492
103. Irmela von der Lühe, Erika Mann, S. 184
104. Irmela von der Lühe, Erika Mann, S. 210
105. Irmela von der Lühe, Erika Mann, S. 221
106. Irmela von der Lühe, Erika Mann, S. 221
107. Irmela von der Lühe, Erika Mann, S. 183
108. Irmela von der Lühe, Erika Mann, S. 172
109. Irmela von der Lühe, Erika Mann, S. 102
110. Erika Mann, Kinder, S. 7
111. Friedrich Albrecht, Klaus Mann, S. 295
112. Dieter Strauss, Klaus Mann, S. 150
113. Erika u. Klaus Mann, Riviera, Vorwort
114. Dieter Strauss, Klaus Mann, S. 150
115. Klaus Mann, Wendepunkt, S. 491
116. Erika Mann, Gedächtnis, Vorwort
117. Klaus Mann, Deutschland, The Decision, S. 382ff.
118. Friedrich Albrecht, Klaus Mann, S. 310
119. Klaus Mann, Wendepunkt, S. 609
120. Heinrich Breloer, Die Manns, S. 327
121. Heinrich Breloer, Die Manns, S. 332
122. Klaus Mann, Posten, S. 178
123. Friedrich Albrecht, Klaus Mann, S. 145

124. Irmela von der Lühe, Erika Mann, S. 249
125. Golo Mann, Erinnerungen, S. 26
126. Golo Mann, Erinnerungen, S. 24
127. Golo Mann, Erinerungen, S. 28
128. Golo Mann, Erinnerungen, S. 67f.
129. Golo Mann, Erinnerungen, S. 72
130. Golo Mann, Erinnerungen, 234
131. Golo Mann, Erinnerungen, S. 73
132. Golo Mann, Erinnerungen, S. 148
133. Golo Mann, Erinnerungen, S. 149
134. Golo Mann, Erinnerungen, S. 41
135. Golo Mann, Erinnerungen, S. 133
136. Golo Mann, Erinnerungen, S. 239
137. Golo Mann, Erinnerungen, S. 240
138. Golo Mann, Erinnerungen, S. 241
139. Golo Mann, Erinnerungen, S. 245
140. Golo Mann, Erinnerungen, S. 252
141. Maria Luiza Tucci Carneiro, Brasil, S. 119
142. Hans Bürgin, Thomas Mann, S. 164
143. Thomas Mann, Briefe 4, Weihnachten 1943, an A.C. Meyer
144. Frederic C. Tubach, Fragmente, S. 47,
145. Frido Mann, Achterbahn, S. 106
146. Frederic C. Tubach, Fragmente, S. 220
147. Frederic C. Tubach, Fragmente, S. 37f.
148. Frederic C. Tubach, Fragmente, S. 37
149. Frederic C. Tubach, Fragmente, S. 204
150. Frederic C. Tubach, Fragmente, S. 225ff.
151. Frederic C. Tubach, Fragmente, S. 66
152. Frederic C. Tubach, Fragmente, S. 217
153. Frederic C. Tubach, Fragmente, S. 18
154. Frederic C. Tubach, Fragmente, S. 25f.
155. Frido Mann, Parsival, S. 38
156. Frido Mann, Achterbahn, S. 36
157. Frido Mann, Achterbahn, S. 46
158. Heinrich Breloer, Die Manns, S. 43
159. Marianne Krüll, Zauberer, S. 28
160. Julia Mann, Kinder, S. 23
161. Julia Mann, Kinder, S. 30
162. Julia Mann, Kinder, S. 26
163. Julia Mann, Kinder, S. 40
164. Dieter Strauss, Julia, S. 24
165. Julia Mann, Kinder, S. 41
166. Julia Mann, Kinder, S. 45
167. Karl Josef Kuschel, Mutterland, S. 34
168. Dieter Strauss, Julia, S. 70
169. Julia Mann, Kinder, S. 24
170. Julia Mann, Kinder, S. 55
171. Thomas Mann, Briefe 4, S. 101
172. H. Wyslink, Thomas Mann, S. 39
173. Julia Mann, Kinder, S. 322

174. Dieter Strauss, Julia, S. 58
175. Thomas Mann, Briefe 4, S. 101
176. Julia Mann, Kinder, S. 268 u. Dieter Strauss, Julia, S. 59
177. Karl Josef Kuschel, Mutterland, S. 177
178. Marianne Krüll, Zauberer, S. 39
179. Julia Mann, Kinder, S. 316
180. Julia Mann, Kinder, S. 51
181. Dieter Strauss, Julia, S. 59
182. Julia Mann, Kinder, S. 315
183. Thomas Mann, Erzählungen, Gladius Dei, S. 155ff.
184. Gunna Wendt, München, S. 4
185. Thomas Mann, Erzählungen, Gladius Dei, S. 160
186. Thomas Mann, Briefe 4, S. 101
187. Karl Josef Kuschel, Mutterland, S. 70
188. Dieter Strauss, Julia, S. 59
189. Katia Mann, Memoiren, S. 93
190. Thomas Mann, Briefe 4, S. 100
191. Dieter Strauss, Julia, S. 77 u. Klaus Harpprecht, Thomas Mann, a.a.O., S. 62
192. Dieter Strauss, Julia, S. 77
193. H. Wyslink, Thomas Mann, S. 132
194. Katia Mann, Memoiren, S. 32
195. Thomas Mann, Faustus, S. 261ff.
196. Dieter Strauss, Julia, S. 77
197. Julia Mann, Kinder, S. 318
198. Karl Josef Kuschel, Mutterland, S. 63
199. Michael Mann, Thomas Mann, S. 33
200. Karl Josef Kuschel, Mutterland, S. 33
201. Karl Josef Kuschel, Mutterland, S. 223
202. Karl Josef Kuschel, Mutterland, S. 224
203. Karl Josef Kuschel, Mutterland, S. 60
204. Dieter Strauss, Julia, S. 19

VI Entzauberung des Exils nach dem 2. Weltkrieg
Eingangszitat von Heinrich Mann. Heinrich. Mann, Zeitalter, S. 317
1. Heinrich Mann, Zeitalter, S. 579
2. Heinrich Mann, Zeitalter, S. 495
3. Heinrich Mann, Zeitalter, S. 539
4. Heinrich Mann, Zeitalter, S. 540f.
5. Heinrich Mann, Zeitalter, S. 284
6. Heinrich Mann, Zeitalter, S. 541
7. Heinrich Mann, Zeitalter, S. 717
8. Heinrich Mann, Zeitalter, S. 621
9. Heinrich Mann, Zeitalter, S. 622
10. Heinrich Mann, Zeitalter, S. 622
11. Heinrich Mann, Zeitalter, S. 283
12. Heinrich Mann, Zeitalter, S. 389f.
13. Heinrich Mann, Zeitalter., S. 726
14. Hans Bürgin, Thomas Mann, S. 189
15. Heinrich Mann, Zeitalter, S. 732

16. Heinrich Mann, Zeitalter, S. 530
17. Heinrich Mann, Zeitalter, S. 729f.
18. Hans Bürgin, Thomas Mann, S. 194
19. Irmela von der Lühe, Erika Mann, S. 297
20. Thomas Mann, Entstehung , S. 774
21. Hans Bürgin, Thomas Mann, S. 208
22. Hans Bürgin, Thomas Mann, S. 218
23. Thomas Mann, Botschaft 1 v. 24.5.47
24. Hans Bürgin, Thomas Mann, S. 209
25. Thomas Mann, Botschaft 2 v. Juli 1949
26. Thomas Mann, Goethe-Jahr v. 25.7.49
27. Thomas Mann, Briefe 3, an A.E. Meyer v. April 1950
28. Heinrich Breloer, Die Manns, S. 418
29. Hans Bürgin, Thomas Mann, S. 189
30. Hans Bürgin, Thomas Mann, S.215
31. Thomas Mann, Ich stelle fest v. 13.4.51
32. Heinrich Breloer, Die Manns, S. 419
33. Heinrich Breloer, Die Manns, S. 420
34. Irmela von der Lühe, Erika Mann, S. 285
35. Irmela von der Lühe, Erika Mann, S. 286
36. Irmela von der Lühe, Blitze, 302f.
37. Irmela von der Lühe, Erika Mann, S. 301
38. Irmela von der Lühe, Erika Mann, S. 282
39. Irmela von der Lühe, Erika Mann, S. 283
40. Irmela von der Lühe, Erika Mann, S. 303
41. Irmela von der Lühe, Erika Mann, S. 306
42. Irmela von der Lühe, Erika Mann, S. 326
43. Irmela von der Lühe, Erika Mann, S. 209
44. Irmela von der Lühe, Erika Mann, S. 301
45. Heinrich Breloer, Die Manns, S. 417
46. Irmela von der Lühe, Erika Mann, S. 328
47. Irmela von der Lühe, Blitze, S. 281
48. Klaus Mann, Wendepunkt, S. 669f.
49. Klaus Mann, Posten, S. 231
50. Klaus Mann, Wendepunkt, 678
51. Friedrich Albrecht, Klaus Mann, S. 258
52. Klaus Mann, Posten, S. 44ff.
53. Katrin Höcherl, Klaus Mann, S. 28
54. Friedrich Albrecht, Klaus Mann, S. 281
55. Klaus Mann, Posten, S. 227
56. Friedrich Albrecht, Klaus Mann, S. 118
57. Irmela von der Lühe, Erika Mann, S. 240
58. Friedrich Albrecht, Klaus Mann, S. 153
59. Katrin Höcherl, Klaus Mann, S. 124f.
60. Friedrich Albrecht, Klaus Mann, S. 314
61. Klaus Mann, Wendepunkt, S. 693
62. Dieter Strauss, Klaus Mann, S. 180
63. Katrin Höcherl, Klaus Mann, S. 44
64 Heinrich Breloer, Die Manns, S. 376
65. Heinrich Breloer, Die Manns, S. 376

66. Golo Mann, Erinnerungen, S. 175
67. Golo Mann, Geschichte, S. 1032
68. Golo Mann, Geschichte, S. 1032
69. Golo Mann, Geschichte, S. 992
70. Golo Mann, Geschichte, S. 996
71. Golo Mann, Geschichte, S. 1006
72. Frederic C. Tubach, Fragmente, S. 144
73. Frido Mann, Achterbahn, S. 40
74. Frido Mann, Achterbahn, S. 56
75. Frido Mann, Achterbahn, S. 68, 77
76. Frido Mann, Achterbahn, S. 16
77. Frido Mann, Achterbahn, S. 23
78. Dieter Strauss, Julia, S. 140
79. Frido Mann, Achterbahn, S. 50ff.
80. Frido Mann, Achterbahn, S. 72
81. Frido Mann, Achterbahn, S. 79
82. Thomas Mann, Briefe 4, S. 101
83. Dieter Strauss, Julia, S. 78
84. Julia Mann, Kinder, S. 319
85. Julia Mann, Kinder, S. 318
86. Karl Josef Kuschel, Mutterland, S. 31
87. Julia Mann, Kinder, S. 315f.
88. Dieter Strauss, Julia, S. 78

VII Nach der Entzauberung: Der letzte Aufbruch
Eingangsmotto nach Erika Mann. Irmela von der Lühe, Erika Mann, S. 361
1. Julia Mann, Kinder, S. 324
2. Julia Mann, Kinder, S. 321
3. Marianne Krüll, Zauberer, S. 409
4. Heinrich Mann, Atem, S. 850
5. Hans Bürgin, Thomas Mann, S. 234
6. Hans Bürgin, Thomas Mann, S. 240
7. Hans Bürgin, Thomas Mann, S. 237
8. Hans Bürgin, Thomas Mann, S. 237
9. Hans Bürgin, Thomas Mann, S. 238
10. Hans Bürgin, Thomas Mann, S. 251
11. Hans Bürgin, Thomas Mann, S. 247
12. Heinrich Breloer, Die Manns, S. 429
13. Irmela von der Lühe, Erika Mann, S. 313
14. Irmela von der Lühe, Erika Mann, S. 315
15. Irmela von der Lühe, Erika Mann,.S. 360 u. 377
16. Irmela von der Lühe, Erika Mann, S. 316
17. Heinrich Breloer, Die Manns, S. 425
18. Dieter Strauss, Julia, S. 140
19. Klaus Mann, Posten, Die Heimsuchung des europäischen Geistes, S. 528
20. Klaus Mann, Posten, S. 542
21. Marcel Reich-Ranicki, Nachprüfung, S. 341f. u. 358
22. Friedrich Albrecht, Klaus Mann, S. 198
23. Dieter Strauss, Klaus Mann, S. 159f.

24. Friedrich Albrecht, Klaus Mann, S. 227
25. Erika Mann, Gedächtnis, Vorwort
26. Friedrich Albrecht, Klaus Mann, S. 54
27. Marianne Krüll, Zauberer, S. 21
28. Heinrich Breloer, Die Manns, S. 382 u. 396
29. Heinrich Breloer, Die Manns, S. 392
30. Dieter Strauss, Klaus Mann, S. 192
31. Klaus Mann, Day, Unv. MS
32. Klaus Mann, Wendepunkt, S.571
33. Frido Mann, Achterbahn, S. 95
34. Frido Mann, Achterbahn, S. 144f.
35. Joachim Fest, Begegnungen, S. 227
36. Uwe Naumann, Kinder, S. 292
37. Dieter Strauss, Julia, S. 140
38. Frederic C. Tubach, Fragmente, S. 35
39. Frederic C. Tubach, Fragmente, S. 62
40. Frederic C. Tubach, Fragmente, S. 145
41. Frederic C. Tubach, Fragmente, S. 217
42. Frederic C. Tubach, Fragmente, S. 37
43. Frederic C. Tubach, Fragmente, S. 102
44. Frederic C. Tubach, Fragmente, S. 216
45. Frederic C. Tubach, Fragmente, S. 148ff.
46. Frederic C. Tubach, Fragmente, S. 141f.
47. Frido Mann. Achterbahn, S. 357
48. Frederic C. Tubach, Fragmente, S. 211
49. Frederic C. Tubach, Fragmente, S. 219
50. Frederic C. Tubach, Fragmente, S. 203
51. Frederic C. Tubach, Fragmente, S. 208
52. Frido Mann, Achterbahn, S. 304
53. Frido Mann, Achterbahn, S. 309
54. Frido Mann, Achterbahn, S. 318
55. Frido Mann, Achterbahn, S. 331
56. Frido Mann, Achterbahn, S. 309
57. Frido Mann, Achterbahn, S. 374
58. Berner Zeitung, 14.10.2009